Friedrich Wilhelm Lorenz

Der Stil in Maistre Waces Roman de Rou

Friedrich Wilhelm Lorenz

Der Stil in Maistre Waces Roman de Rou

ISBN/EAN: 9783743424524

Hergestellt in Europa, USA, Kanada, Australien, Japan

Cover: Foto ©ninafisch / pixelio.de

Manufactured and distributed by brebook publishing software (www.brebook.com)

Friedrich Wilhelm Lorenz

Der Stil in Maistre Waces Roman de Rou

in

... Wace's Roman de Rou.

ugural-Dissertation

zur

rlangung der Doctorwürde

der

...schen Facultät der Universität Leipzig.

Vorgelegt

von

...rich Wilhelm Lorenz
aus Niederoderwitz.

Leipzig 1885.
...ck von Sturm & Koppe (A. Dennhardt).

Im ersten Band der französischen Studien 1881 erschien eine Arbeit von Rudolf Grosse: „Der Stil des Chrestien von Troies", in welcher zur Vergleichung von Kunstepos und Reimchronik *Wace's Brut* und *Roman de Rou* in Anmerkungen mit herangezogen wird. Diese anmerkungsweise Heranziehung beider für die französische wie auch für die anderen Literaturen höchst wichtigen Werke halte ich aber für vollkommen unzulänglich, um ein klares Bild von der Verschiedenheit des Stils eines Chrestien und eines Wace zu gewinnen. Ferner hat der Verfasser *Roman de Brut* und *Roman de Rou* in gleicher Weise für seine Citate benutzt. Auch dies halte ich nicht für gut, da beide Werke einen schon durch ihre Quelle resp. Quellen bedingten verschiedenen Charakter zeigen. Liegt dem *Roman de Brut* nur die eine Quelle, nämlich die *Hist. reg. brit.* des Gottfr. von Monmouth zu Grunde, so hat Wace in seinem *Roman de Rou* [1]) ausser seinen Hauptquellen Dudo von St. Quentin und Guill. v. Jumiège auch Sagen und Erzählungen seiner Landsleute benutzt, ein Umstand, der eine freiere, uneingeschränktere Darstellungsweise für diesen Roman gestattete, die auch auf den Stil nicht einflusslos sein konnte. Auch der Stoff beider Werke ist ein verschiedener. Bewegt sich der *Roman de Brut* auf dem sagenhaften Gebiete der Artusabenteuer, so

---

[1]) Vergl O. Körting: Ueber die Quellen des *Roman de Rou*. Leipzig 1867.

haben wir es im *Roman de Rou* mit wirklicher Geschichte zu thun, sobald wir von den wenigen eingeflochtenen Fabeln absehen; natürlich musste auch dieser Umstand auf den Stil einwirken.

Vorliegende Arbeit nun soll sich nur auf den *Roman de Rou* beschränken, um eine klarere Einsicht in die Eigenthümlichkeiten Wace's und seiner Reimchronik zu gewähren, anderseits auch, um eine bequemere Vergleichung zwischen Reimchronik und Kunstepos zu ermöglichen.

Bekanntlich ist man betreffs der 4424 Alexandriner, die sich zwischen die Achtsibler des *Roman de Rou* hinein schieben, verschiedener Ansicht; werden sie von Du Méril [1]) Wace abgesprochen, so hält sie Prof. Körting [2]) dagegen für echt, und diese Frage hat bis jetzt eine endgültige Beantwortung noch nicht gefunden. Um dieser Frage Rechnung zu tragen, habe ich die den Alexandrinern entnommenen Citate möglichst zusammengestellt, musste sie jedoch den einzelnen Rubriken einfügen, um einer allzu grossen Zersplitterung vorzubeugen; vielleicht vermag diese Zusammenstellung weitere Winke für die Lösung jener Frage zu geben.

In der Einteilung und Anordnung des Stoffes bin ich der Arbeit von R. Grosse gefolgt, um die oben erwähnte Vergleichung zu erleichtern.

Die einzelnen Teile des Werkes habe ich mit Zahlen links über den Verszahlen gekennzeichnet.

Ich habe meiner Arbeit zu Grunde gelegt: *Maistre Wace's Roman de Rou*, I. und II. Band, herausgegeben von Andresen, Heilbronn 1877.

---

[1]) Jahrbuch für roman. und engl. Literatur. I. Band.
[2]) Jahrbuch für roman. und engl. Literatur. VIII. Band.

Zur Vergleichung benutzte ich die Ausgabe von Pluquet, Rouen 1827.
Adelung: Ueber den deutschen Styl, Brünn 1788.
Wackernagel: Stilistik, Poetik, Rhetorik, Halle 1873.
Rud. Grosse: Der Stil des Chrest. v. Troies, Franz. Stud. I. B.

Erster Teil.

Der bildliche Ausdruck der Sprache.

(Tropen, Vergleichung, Hyperbel, Litotes, Sentenz, Sprichwort.)

Metapher.

Die Metapher setzt statt eines minder anschaulichen Begriffes einen ähnlichen, anschaulicheren (Adelung). Sie hat (wie auch die andern Tropen) bei Wace nur eine sehr spärliche und einseitige Anwendung gefunden, was sich auf den spröden, geschichtlichen Stoff zurückführen lässt, der die Ausbildung dieser an und für sich lebhaften Figur erschwerte.

Die Metaphern sind entnommen:
I. dem menschlichen Leben,
II. der Natur.

I a) Dem ritterlichen Leben:

Der Kampf eine Jagd:

III. 2727. 2728. Grant fu la fuie e grant la chace,
          Mult fu des morz lunge la trace.

III. 8271. 8272. Mult ueissiez par plusors places
           Beles fuies e beles chaces.

Der Kampf ein Turnier:
II 3222—3225. Alquant d'els sunt, ale(z) les reals aprochier,
Kar il uoldrent a els un turnei cumencier,
Mais cil n'oserent mie as Normans turneier,
N'aueient mie usc ne apris tel mestier.
II 8834. Lues fu grant pose iloec li turneis arestcz.

b) Dem bürgerlichen Leben:

Die hier sich findenden Metaphern beziehen sich auf den Handel:

Kaufen und verkaufen:

III 5146—5148. Mielz se uelt, co dist, pariurer
Qu'il ne lor face comperer
La bataille de Mortemer.
III 8927. 8928. Mais mult se quident ainz uengier
E mult se quident uendre chier.
III 9877. 9828. Le uolt de Luche en a iure
Que mult sera chier compere.

II 644. C'il i unt pru eu, tut al duble l'achatent,
II 991. 992. Quant ocire nus deiuent, notre mort lur uendum,
Quant l'aurunt achatee, suef la receurum
II 1941. Mult fust li parlemenz chierement cumparez.
II 2231. 2232. La n'aurez des Normanz ueillant, un sul denier
De terre ne de rente, qu'il ne nus uendent chier.
II 2262. 2263. Damedeu en iura c la soe uertu
Se il set, qu'il en isse, chier li sera uendu.
II 3349. Cil defors les achatent, e cil dedens lur uendent.
II 3905. Galtier en uolent traire, mais l'en l'achatent chier.
II 4253. Se Tiebalt tient Eueres, Richart l'a bien uendue.

Aehnliche Beispiele sind II 2815; II 2128; II 2524.

II. Metaphern, welche der Natur angehören:

Die vornehmen Ritter sind die Blume der Ritterschaft:

I 316. La peri de France la flur.
III 10185—10187. La flor de la cheualerie
D'Angleterre e de Normandie
De lui scruir s'entremeteient u. s. w.

II 3314. Perdu ai de mes humes la flur e la bunte!
II 3869. Li reis out de sa terre les meillurs e la flur.

Ein gleiches Bild wird für ein gutes Land gebraucht:
II 2638—2640. Par cest pais dit l'um, erseir me fu mande,
Que uus auez en fieu al duc Huun dune
De tute Normandie la flur e la bunte . . .

Das Land eine Mutter:
II 493. La terre dunt uus dites, me nurri en sun sein.

Das Abfassen eines Werkes ein mühevoller Weg:
II 4. La ueie est lunge e grief e le trauail cremum.

Die Sünde ein böser Weg:
III 389 En mal ueie esteit entree.

Angefügt seien einige metaphorische Redensarten:
II 2571. 2572. Suuent depreia Deu, ki fist lune e soleil.
Qu'encor puisse as Franceis faire le blanc uermeil.
II 2766. Tost l'aueient turne e mis del blanc neir.

Personification.

Mit der Metapher eng verwandt und, im weiteren Sinne genommen, diese auch umfassend, ist die Personification. Hier wird ein lebloses, namentlich ein abstractes Ding in ungewöhnlicher, vom sonstigen Sprachgebrauch abweichender Weise als ein beseelt wirkendes, als handelnd, hörend, redend hingestellt, mithin dem leblosen ein Bewusstsein, dem abstrakten eine Körperlichkeit verliehen (Wackernagel).

Wace bedient sich der Personification nur wenig. Einige Mal erhebt er den Tod zu einer Person; denn niemand kann ihm entgehen:
III 4774. Ne tu ne poz a mort faillir.
II 93. Nuls ne se puet de mort tresturner ne fuir.

Er lauert seinem Opfer auf:
III 5757. Mult esteit de mort agehiz.

II 2393. Par semblant qu'il fist fu de mort agehiz;
er trennt Freunde von einander:
III 2105. 2106. Tant que la mort les departi
Ki maint home part de altre ami.

Man kann ihn nicht austauschen:
III 5769. 5770. Ne poon ta uie aloignier
Ne ta mort por altre eschangier. —

Ferner wird „das Gerücht" personificirt. Ihm wird Bewegung zugeschrieben; schnell durcheilt es Gegenden und Länder:

III 3755. 3756. Tost alerent par les contrees
Les novels mult esfrees.

Desgl. III 4945. 4946. III 8872. 8873. —
II 462 De Rou fu tost par France alee la nouele.
II 2076. Mult s'ala par la uile la nuuele espoissant.

Verblasster und mehr formelhafter Natur ist die Personification in folgenden Beispielen, die ihr aber dennoch zugeteilt werden müssen:

I 476. 477. Par nuit unidreut al port de Lune,
Si cum les amena fortune.
III 11213. 11216. Bien devez saueir que fortune
N'est mie a toz ne toz tens une u. s. w.
III 10124. Si mis augures ne me ment. —
II 557. Li gaain que unt grant les orgueille e enucise.

Nicht blos abstrakten, sondern auch leblosen Dingen wird persönliches Leben eingehaucht:

I 101. 102. Pur nort un uent, ki surt e uient
Dela u li ciels le char tient.
I 218. Nes poeit la terre suffrir.
III 399. 400 La ueie ou il iert de pechie,
Quant il chai, l'ad ia iugie.
III 4005. 4006. De Constantin issi la lance,
Qui abati le rei de France. —
II 226. Mult maldient les nes ki les unt aportez.
II 4251. Ne sunt uilaiu en uigne, ne ne au charue

Menotymie.

Es werden bei der Menotymie Begriffe mit einander vertauscht, die in einer natürlichen, durch Einbildung und Verstand leicht findbaren Verbindung mit einander stehen; sie hat ihren Grund in einem Zusammenhange oder einer Verwandtschaft der Begriffe (Wackernagel). Dieser Tropus ist ungleich schwächer als die Metapher, mit welcher er im Zusammenhange steht, denn er reflectirt weniger auf die Phantasie wie jene, doch ist eben deshalb seine Anwendung viel leichter, und so hat sich Wace auch oft seiner bedient.

Die verschiedenen Arten der Metonymie beruhen auf einem Causal-, Symbol-, Stoff- und Raum-Verhältniss.

I. Causalverhältniss.

a) Wirkung für die Ursache.

Für den Kampf werden die Opfer eingesetzt, die er brachte:

I 145. 146. Hasteins i uint premierement,
Ki fist maint poure e maint dolent. —
II 473. 474. Cest Hasteins li Daneis, ki tant ala par mer,
Ki fist tantes chaitiues e tanz chaitis plurer.
II 1063. Vedues funt les muilliers, orfenius fuut les filz.
II 1122. E uesque d'altrui lermes e d'altre guaignage.
II 2723. Se treis iurs i atent, teste i aura uermeille.
II 3788. Tut le plus orgueillus ferai encor dolent.

Für den Kampf wird der Schweiss gesetzt, den man im Kampfe vergiesst:

II 3857. N'ia Normant, tant pruz ki de suuz ne sut.
II 3885. Chascuns i out, la char muilliee de sur.

Für den Kampf wird der blutige Degen gesetzt:

II 3262. 3263. E Richart fist sun tur si mist main a l'espee,
Ki le iur mainte feiz fu bien ensanglentee.

b) Ursache für die Wirkung.

Die Arbeit tritt für das Getreide ein:
II 308. E pur ceo qu'il tolirent as uilains lur labur.

Das Anziehen des Zügels für das Anhalten des Pferdes:
II 3622. Ricbart les uit uenir, si a sun frein tenu.

Es tritt auch die Person für die Thätigkeit ein:
II 2700. „Bernart," deit Loeuis, „en uus a bon deuin!

Das Mittel für den Zweck:

Hunde und Falken werden für die Jagd eingesetzt:
II 2278. Un iur ala as chiens, ci cume aler soleit.
II 217. De oiseaux e de chiens out grant cure.

Der Galgen für den Tod:
II 3082. Qu'il ne fust mis as furches u a destractiun.

Das Tragen der Waffen tritt für den Kampf ein:
II 380. Jameis cscu ne lance uers lui ne portereit.
III 4872—4874. Ne quident cheualier trouer,
Qui ia ost a els assenbler,
Ne qui arme ost contre els porter.
III 7535. 7536. Ja huimais armes ne portast,
Ne en huimais en champ n'entrast.

So sagt auch der Dichter für einen, der nicht im Kampfe gewesen ist:
II 3134 Ja sis exuz n'en ert perciez ne effundrez.

II. Symbolverhältniss.

Das Zeichen tritt für die Sache, für das Amt ein:
III 4571. 4572. La croce de Roem guerpi
E a Guill. la rendi.

Weniger prägnant, sondern mehr wiederholend, tritt das Symbolverhältniss in folgenden Beispielen hervor:
III 1054. 1055. E cuesques fu ordenez
De Liscuris, croce portant;
III 6793. 6797. Adrec e t'en e si li rent
La corone e la seignerie —

Reines Symbolverhältniss zeigen auch folgende Citate:

II 1712. Ne uus cunscillerai que preigniez altre habit.
II 2810. 2811. Fuir s'en uolt mult tost la mer salee,
U en une abeie uolt mielz estre uelee.

III. Stoffverhältniss.

Der Stoff wird für das Instrument gesetzt:

I 153. 154. Que fers ne le pout entamer,
Ne par ferir ne par buter.
III 4084. 4085. Entre la gorge e le goitron
Li fist passer le fer trenchant.
II 989. Al fer e al'acier la ueie deluirum.
II 3218. 3219. Mais Normant lur uoldrunt, se Deu plaist, cha-
lengier,
E le pais defendre al fer e a l'acier.
II 3256. Parmi les cors li fist passer le fer trenchant;
II 3898. Mult i ueissiez cols e de fer e d'acier.

IV. Raumverhältniss, wenn man den Ort nennt, statt dessen, was darin sich findet, vorgeht u. s w.

a) Der Ort für seine Bewohner:

III 6151. Mult ueissiez cort estormir.
III 6157. Mult par fu' tost la cort troblee.
III 3609. 3610. Uint el pais une mesdlee,
Dunc la terre fu mult greuee.
II 1216. Veiant tut le marchie lur fist les chies colper.
II 3265. E dient que bien ert terre en lui aloec.

b) Der Ort steht für die Thätigkeit, die in ihm geschieht:

III 7354. Ongues la noit en lit ne iurent.
III 9459. Kar mielz uoleit en champ morir.
III 3976. 3977. Mais a chaple se uont ferant,
Si com el champ font champion.
III 10302. Qui molt amout bois e forest.
III 10550. En chiens e en bois ert s'entente.

Der Taufstein für die Taufe selbst:
III 1837. Richard fu apelc sur funz.
II 1692. La reine a un filz, de funz le leucrez.

Dem Ortsverhältnisse sind auch die Fälle zuzuzählen, in welchen die Glieder des menschlichen Körpers statt der Fähigkeiten gesetzt werden, die man in dieselben legt:

Teste und *quer* für das Leben:
III 6263. Ja n'i perdrai ne mais la teste.
III 1752. A maint en funt le chief uoler.
III 1645. 1646. A un tertre deiuste un ual
Creua le quer al bon cheual.

Piez für Gewalt:
III 9150—9152. Se lor sires soz piez les tient
E que bien les defolt e poigne,
D'els porra faire sa besoigne.

Main für Gewalt, Kraft:
III 7619. 7620. Saciez que ma main plus ualdra
Que tels uint homes i aura.
II 808. Cel iur li Normant ont les Franceis en lur mains.
II 1950. Desormais, s'il uus plaist, voil estre en'uostre main.
II 2450. Des mains le rei le traist, a Corci le luissa.

Chief für Willen:
II 3747. 3748. Si li uns uolt l'altre e sucurre e amer,
N'i aura tant hardi ki ost le chief leuer.

Laide chiere für Unwille:
II 3934. Li reis est anguissus e mult fait laide chiere.

Fiel für Neid:
II 1104. Issi seium ami sanz orguil e sanz fiel.

Gern wird *cuers* metonymisch angewendet und vertritt dann „Muth" und „Willen."
III 871. Ne nus faut fors cuers sulement.
III 3887. 3888. Saciez que cil le champ ueintront
A qui cil de coer se tendront.
III 5931. 5922. A ces paroles respondi
Li filz Osber, al coer hardi.

II 2955. E li cuart s'en fuient, kar cuer lur sunt failli.
Willen:
III 10524. Mult li esteient contre coer.
Ebenso III 5842.
II 1940. Deus, que li dus ne sout lur cuers e lur pensez!

Oft tritt zu *cuers* ein Adjectiv des Affects bestimmend hinzu und *cuers* drückt dann mehr eine Umschreibung des Pronomens aus, trägt mehr pleonastischen Charakter.

II 6. Il out toz tenz le cuer orgueillus e fellun.
II 360. 361. Quant la femme Renier sout de ueir e oi,
   Que Rout tint sun seignur, mult out le cuer marri.
II 392. Quant el out sun seignur, mult en out le cuer lie.

Weitere Belege bieten II 1113. 1114. II 2303, II 3461.

Einen ähnlichen Pleonasmus erhalten wir auch, wenn das Organ und die durch dasselbe erzeugte Thätigkeit zugleich gesetzt werden:

III 7163. Par sa boche lo uelt semondre.
II 1279. De ta buche meismes as iugie ta lei.

Synecdoche.

Bei der Synecdoche beruht das Verhältniss zwischen dem bezeichnenden und bezeichneten Begriffe auf dem grössern oder geringern Umfang der Bedeutung (Adelung). Sie hat einen grössern Grad von Lebhaftigkeit als die Metonymie, weil sie anstatt des einen Begriffs wirklich einen anschaulichern setzt.

Wace gebraucht die Synecdoche, indem er
 I. das Ganze setzt für den Teil und umgekehrt;
 II. die Art für die Gattung;
 III. bestimmte Zahlen für allgemeine.

I a) *Totum pro parte*:
   III 4746. Et le clergie le corona.

II 115. Rou manda la juuente, qu'il aueit retenue.
II 210. Grant iuuente ascmble e nels e batels prist.
II 2772. 2773. Li reis out a Roem de mult bele iuuente,
De tuz fait ceo qu'il uolt, de rien ne se demente
II 831. A chascun produme a sun pechie pardune,
Pur la uile defendre e la crestiente.

b) *Pars pro toto:*

Hier wird häufig das Personalpronomen umschrieben durch Teile resp. Glieder des Menschen.

α) Durch *cors*:

Umschreibung der ersten Person des pers. Pron.

III 7918. Mis cors en est en grant freor.
II 4299. Quant il ne pout mun cors destruire ne tenir.

Der zweiten Person:

III 7650. Por uostre cors le mien metreie.
II 531. 532 Hasteins, ceo dist Tiebalt, li reis est en agait
De destruire tun cors, kar maint mal li as fait
II 2299. Ne sera nul de uos membres par Jesu Christ ascur.
II 2363. 2364. Mais estre uus estuet de bone contenance.
Tantque Deus uostre cors ait mis a deliurance.

Der dritten Person:

I 33. Ki or uoldreit sun cors uecir.
II 3198. 3199. Humblement preia Deu, le filz Sainte Marie,
Qu'il garisse sun cors e s'onur e sa vie.

Des Reflexivpronomens:

III 1150. Se uos uolez uos cors saluer.
III 1657. Pur saluer sun cors de prisun.
II 1032. Del sanc des bestes unt lur cors ensanglentez.

Andere Umschreibungen sind:

β) *char*.
II 865. Plusurs orent uestuz a lur char sac u haire.
II 1708. Pur sa char iustisier e pur s'alme saluer.
II 3885. Chascuns i out la char muillee de suur.

γ) *oilz*.
III 2660. Se il noz oilz ueant l'en incinent.

III 3353. 3354. E li reis i fist maintenant
    Metre le feu, lor oilz ueant.
II 2806. Ki iert, ueiant ses oilz a altrui mariee,
δ) *boche.*
III 2069. 2070. Far sa buche saueir uoleit,
    Quels hom iert e qu'il querreit.
ε) *piez.*
III 921. Ja mar en mouerez uos piez.

Zuweilen zeigt diese Umschreibung den Charakter des Pleonasmus:
III 7847. 7848. Cil de Londres, par dreite fei,
    Dciuent garder le cors le rei.

Auch in Redensarten tritt die Synecdoche auf und zwar so, dass auch hier Teile des Körpers die Person vertreten:

III 1617. 1618. As Normanz unt turne le dos,
    Tuit descouert e tuit desclos.
III 3863. Uers occident tornent lor uis.
II 1851. 1852. N'ai humes en ma terre si uaillanz ne si os,
    Ki la tiegnent estal u uus turnez les dos.

II. Art für die Gattung.

Nur wenige Beispiele finden sich, die diesen Teil der Synecdoche vertreten. Er berührt sich mit der Zerlegung, und so weise ich hier auf diese hin.

Für Wetter setzt Wace
III 3054. Ne muet pur pluie ne pur uent.
Für Frucht:
III 11370. Pome ne altre fruit ne porta.
Für Haustiere:
II 327. Li paisant s'en fuient, buef ne uache n'i mui.
II 2722. Qu'en la terre ne preigne buef ne porc ne oeille;
Unglückliche Menschen:
II 462. 463. De Rou fu tost par France alee la nuuele,
    Qu'il n'aueit merci de chaitif ne d'ancele.

Waffen:
II 1784. Herolt out asez humes e lances e escuz;
II 2911. Ne remest uielz espee, ne uilz escuz a post.

III. **Bestimmte Zahlen für allgemeine.**

Diese Art der Synecdoche hat Wace ungleich mehr zugesagt als die beiden vorangehenden. Boten doch diese Zahlen ein willkommenes Mittel, die Grösse des Gegners, die Macht eines Fürsten u. s. w. recht drastisch und handgreiflich darzustellen und dem oft träg dahin fliessenden Fluss der Erzählung einen frischen Impuls zu verleihen.

Um die Zahl der Feinde zu bestimmen, wird ein bestimmtes Verhältniss angegeben, in welchem sie zu den eigenen Truppen stehen:

III. 876. 877. Bien auum cuntre un cheualier
Trente u quarente paisanz. —
II 979. Kar cuntre un de noz humes i a bien treis des lur.
II 1434. Kar cuntre un de mes humes en a bien Riulf quatre.

Beliebt ist die Zahl 100 zur Angabe einer allgemeinen grossen Zahl:

I 506. 507. „Ad portum", dist il, ,,Veneris
Vienent cent nes, ceo m'est auis."
III 9849. 9850. Par cent mars d'argent, co diseit,
Del Mans cent piez n'éloignereit. —
II 2846. Se paisant osassent, par cent feiz fust tucz.

Ferner 1000:
III 3028. De mil uies n'en portast une.
III 5109. 5110. Bien peust mander al besoig
Mil cheualier sanz alez loig.

Doch auch andere Zahlen wurden berücksichtigt, so 7:
I 636. Ne demura set iurs ne uit.

15:
III 3136. Ki quinze iurs u plus le tint.

20:
III 7619. 7620. Saciez que ma main plus ualdra
Que tels uint homes i aura.
5:
II 3630. Al un duna s'espec, ki cinc mars a ualu.
10:
II 663. El puing de l'espee out d'or dis liures pesant.

Wace liebt ferner, mehrere aufsteigende Zahlen anzugeben, um grössere Lebhaftigkeit zu erzielen.
Man vergleiche nur:
III 4929—4932. N'i out gaires si uil garcon
Qui n'en menast Franceis prison
E bels destriers, ou dous ou treis.
III 5693. 5694. Ne sai de ueir, treis fais ou quatre,
Quant as Bretons se dut combatre. —
II 1218. De treis iurs ne de quatre ne uolt de rien guster.
III 3185. 3186. Cuntre lui ueissiez dolenz
Venir a miliers e a cenz.
III 4806. 4807. A cenz, a milliers e a uinz
Fist en Belueisin assembler.
II 3938 A cenz e a milliers garnissent la riuiere.

Einen noch höheren Grad der Lebhaftigkeit weiss Wace durch folgende Zahlengruppirung seiner Chronik zu verleihen:
II 4145. Les uiles uit gaster, dous e dous, treis e treis. —
III 6425—6428. Donc uindrent soldeir a lui,
E uns e uns, e dui e dui,
E quatre e quatre, e cinc e sies,
Or set, or oit, or nof, or dies.
III 10134—10136. Quant uns huem est del bois issuz,
Pois uindrent dui, pois uindrent trei,
Pois nof, pois dis a grant desrei.
III 6078-6080. E par tropeals uont conseillant,
Ci uint, ci quinze, ci quarante,
Ci cente, ci trente, ci seisante.

III 10950—10954. Sis faiseit as detors liurer,
  Trestuit acostumeement.
  Cest por xx liures, cest por cent,
  Cest por xxx, cest por quarante,
  Por cinquante ou por seisante.
III 823. 824. Par uinz, par trentaines, par cenz
  Uns tenu plusurs parlemenz.

Einmal werden die Zahlen umgestellt:
III 4164. 4165. S'en fuieient a grant desrei,
  Ci set, ci sis, ci cinc, ci trei.

Auch bestimmte Teilzahlen werden zur Bezeichnung allgemeiner Grössen angewandt.

Die Hälfte:
  II 637. S'il uoleit de sun regne, la meitie en preist.
II 3022. 3023. Ne returnast ariere pur tut perdre sun fie
  Ne ki de tut le munde li dunast la meitie.

Ein Siebentel:
  II 2651. N'en auez a uostre oes que sesime partie.

Eng an diese Angaben einer bestimmten Zahl für eine allgemeine schliessen sich die Angaben eines bestimmten Wertes, einer bestimmten Zeit für allgemeine Angaben.

Als Längenmass gebraucht Wace
arpent:
  II 1075. De Bleis iusqu'a Saint Liz n'a un arpent de ble.

Den Raum, welchen ein geworfener Stein oder ein geschleuderter Stock durchmisst:
III 1543. 1544. Quant pres furent d'itel endreit
  Com hom pierre ieter porreit.
  II 2035. Ja ne perdra de terre le get a uns bastuns.

Als Angabe des Wertes wird der monatliche Gehalt eines Schreibers gesetzt:
III 155. 156. Ki tant me duinst, ne mette en mein,
  Dunt ieo aie un meis un escriuein.

Komischer Natur ist die Zeitangabe, welcher sich Wace bedient:
III 9091. 9092. Que longues geseit en gesinc
Comme feme fait en cortine.

Die Vergleichung.

Tritt zu dem eigentlichen Ausdruck der ihn bezeichnende Tropus, so erhalten wir die Vergleichung. Wird diese Vergleichung weiter ausgeführt, indem die Aehnlichkeiten oder Verschiedenheiten stückweise aufgeführt werden, so entsteht das Gleichniss; wird ein Gegenstand nicht für sich allein, sondern in seinen Eigenschaften und Folgen in einem einheitlichen Bilde versinnlicht, so bildet sich die Allegorie.

Für die Allegorie, deren Ausbildung einer spätern Zeit vorbehalten war, die auch für eine Reimchronik nicht geeignet war, habe ich kein treffendes Beispiel gefunden.

Gleichniss und Vergleichung habe ich nicht getrennt, zumal auch das Gleichniss bei Wace eine ganz untergeordnete Rolle spielt. — Zwei Glieder sind es, wie wir schon oben gesehen haben, auf welche es bei der Vergleichung ankommt: das verglichene und das vergleichende.

Wir betrachten nun die Vergleichung je nachdem das verglichene Glied
A. der menschlichen Sphäre;
B. der nichtmenschlichen Sphäre
angehört.

A. Das vergleichende Glied kann selbst wieder
   a) dem menschlichen Leben entnommen sein.

Der Verräther wird mit Judas verglichen:
III 4701—4704. Le fiz son naturel seignor,
   E qui esteit eir de l'enor

> Decut li traitre e trai
> Come Judas qui Deu uendi.

Aehnlich III 4699. 4700.

Ferner werden die Verwandten zur Vergleichung herangezogen:

> III 4771. 4772. E le duc Quill. ama tant
> Comme son frere e son enfant.
> III 2539. 2540. Henri hai cume marastre
> Het e enuie sun fillastre.
> II 2549. Altresi s'entralient cume sorurge e gendre.

Viel abgeblasster als diese lebensfrischen Vergleiche sind die folgenden:

> III 475. 476. Deliurement fu el retur
> Cume huem ki a de mort pour.
> III 4097. 4098 Arestut sei toz esbaiz
> Com hoem qui n'ert gaeres hardiz
> III 1179. 1180. E granz uielles escheuelees,
> Ki sembloent femmes desuees.
> III 3143. 3144. Porter se faiseit en litiere,
> Cume l'en porte mort en biere.
> II 2306. N'en ira mais nient si uiura cume fur.
> II 3267. Kar Alemant i puinstrent cume une gent desuee.

b) dem Tierreiche.

Hier sind es vorzugsweise Kriegsbilder, zu denen die Tiere Vergleiche liefern. Die Vergleiche selbst sind oft recht originell und drastisch, auch mannigfach; besonders liefert der II. Teil eine grosse Abwechslung in seinen Bildern:

> I 700. 701. A sun parrain colpa la teste,
> Cum se ceo fust une uile beste.

Das Morden wird mit dem Einbruch des Wolfes in einen Schafstall verglichen:

> I 706-711. Deschaitis funt tel tueiz
> Cume li lus fait des brebiz,

Quant il puet entrer en teit,
Que li uilain ne s'aperceit:
Estrangle multuns e brebiz
E aignels tuz granz e petiz.

Zum Vergleich dient die Schnelligkeit des Hirsches:
III 8287. En uint saillant plus tost que cers.

Schafe dienen ferner zum Vergleich:
III 1143. 1144, Se ci poez estre trouez
Come mutuns serrez tuez. —

Nicht grösseres Mitleid haben die Feinde mit ihren Gegnern als der Wolf mit den Schafen:
II 1060. 1061. Des humes ueissiez merueillus fueiz,
N'en unt nule pitie plus que lu de brebiz.

In ähnlicher Weise wird der Stier herangezogen:
II 5295. N'en unt graignur pitie qu'il eussent de tors.

Die Bändigung des Menschen wird mit der des Pferdes verglichen:
II 494. Maint felun ai donte cume cheual od frein.

Eigentümliche Vergleiche sind auch folgende:
II 611. Cels dedenz eust pris cum l'um prent bisse al piege
II 2753. Altresi se tapissent cum oisel pris en reiz.
II 3294. Les morz uunt despuillant, si iurent cume pors.

Sehr drastisch ist der Vergleich:
II 1126. Ne prenz cunrei de t'alme plus que beste saluage.
während der Vergleich eines tapfern Ritters mit einem wüthenden Tiere:
II 1480. Bien uait ferir Willeame cume bues esragiez
gewöhnlicher ist.

Noch ein Vergleich, der stark an die Hyperbel streift, sei erwähnt:
II 4260. 4261. Tel flote est a Richart de produmes uenue,
Tute en est Normandie cume d'oisels uestue.

c) Anderweitige Vergleiche sind entnommen:
α) dem Leben auf der Messe:
I 437. Vunt e reuienent cume a feire.

β) Gefässen:
II 2222. 2223. Altresi uus est Flandres legiere a iustisier
Cum uns uaissels de uerre sereit a despecier.
II 2726. De maltalent e d'ire enfla cume boteille.

B. Das verglichene Glied gehört nicht der menschlichen Sphäre an.

Hierher zu rechnen ist die Vergleichung der Stadt *Lune* mit *lune*, eine Vergleichung, die sich auf ein von Wace beliebtes Wortspiel gründet:

I 486—492. Si cume la lune de clarte,
De resplendeur e de bealte
Les esteiles surmunte e ueint,
Que nule de rien ne l'ateint,
Issi fu plus noble e plus bele
La cite,'que l'um Lune apele,
Que cite, ki el pais fust.

Die Schnelligkeit der Pfeile wird mit der der Schwalben verglichen:
III 7899. 7900. Les saetes sunt mult isneles,
Mult plus tost uont que arondels.

Sie fliegen dichter als der vom Wind getriebene Regen:
III 8181. 8182 Saetes plus espessement
Voloent que ploie par uent.

Die erhobenen Schilde gleichen einem Flechtwerk:
III 7817. 7818. Deuant els les orent leuez
Comme cleies ioinz e serrez.

Der feindliche Einfall in ein Land wird mit einem Messgang verglichen: III 9097—9102.

Der Hof Richards gleicht einem Markte:
II 3708. La curt de Richart semblout tuz iurs feire u
marchie.

Die Hyperbel.

Die Hyperbel, welche auf Kosten der Wahrheit die Dinge über das Mass hinaus vergrössert, um ein möglichst lebhaftes Interesse für sie zu erwecken, hat bei Wace in seinem *Roman de Rou* nur eine sehr beschränkte Anwendung gefunden; sie bietet auch, wo sie angewendet wird, wenig originelles, trägt vielmehr zumeist ein formelhaftes Gepräge.

Zwei Arten der Hyperbel lassen sich unterscheiden:

I. Sie gründet sich auf den Tropus der Synecdoche und auf die ästhetische Figur der Vergleichung.

II. Verlässt sie das Gebiet des Tropus und der ästhetischen Figur, so entsteht die blosse Satzfigur; die Hyperbel wird dann formelhaft. —

Beiden Arten der Hyperbel schicke ich die oft angewendeten Ausdrücke: vor Furcht zittern, sterben, vor Schmerz wahnsinnig werden u. s. w. voraus:

II 310. E pur ceo que li uilain mureient de pour.
II 3865. Li reis uit ses granz cols, dunt li aiers li murut.
II 599. Tute la gent de France de pour de Rou tremble.
II 1989. Pur poi de duel n'esragent, quant il ne li aient.

Ebenso II 1459; II 2003; II 4082.

1. Die Hyperbel tritt als Tropus oder als ästhetische Figur auf.

1) Als Vergleichung.

Die Vergleichungen sind meist der Natur entnommen:

II 2085. Tel noise a par cez rues, n'oissiez Deu tonant.

Die Pfeile fliegen schneller als Schwalben und dichter als Regen:

III 7899. 7900. Les saetes sunt mult isneles,
Mult tost plus uont que arondeles.

III 8181. 8182. Sactes plus espessement
　　　　　　Volvent que ploie par uent.
　　　(Vergl. Vergleichung B, Seite 20.)

Auch Sagengestalten werden zur hyperbolischen Vergleichung herangezogen

III 8958-8962. E dient tuit: tel bier ne fu,
　　　　　　Qui si poinsist ne si ferist,
　　　　　　Ne qui d'armes tel fais soffrist,
　　　　　　Pois Rollant ne pois Oliuier
　　　　　　N'out en terre tel cheualier.

Die Hyperbel beruht
2) auf der Synecdoche.

a) Um der Beteuerung einen prägnanteren Ausdruck zu geben, wird eine wichtige Stadt als Preis eingesetzt:

III 3043. 3044. Mielz aim le colp k'il m'a dune
　　　　　　Ke tute Ruem ma cite.

b) Hierher gehören auch die Angaben von bestimmten Zahlen:

III 3027-3029. E Normand sailent a cummune:
　　　　　　De mil uies n'en portast une,
　　　　　　Tost le eussent esceruele.

II 2846. Si paisant i osassent par cent feiz fust tuez.

　　　(Vergl. Synecdoche B. III.) —

Einen gleichen hyperbolischen Charakter tragen diejenigen, unbestimmter gehaltenen Zahlen, von denen der Dichter erklärt, dass er sie genauer nicht wisse, auch nicht zu nennen wage, falls es nicht für eine Fabel gehalten werden solle:

III 2159. 2160. Serganz manda e cheualiers
　　　　　　— Ne sai quanz cenz ne quanz milliers —.

III 2730-2734. Grant le gaain e grant la prise
　　　　　　Des morz, ki par le puis iurent,
　　　　　　E des nafrez, ki puis mururent;
　　　　　　Ne sai quanz cenz, qui les direit,
　　　　　　Merueille u fable semblereit.

Zur hyperbolischen Darstellung von Kraft, Macht, Vermögen u. s. w. wird, wie auf einen dies alles umfassenden Gattungsbegriff, auf Könige und Grafen hingewiesen, deren Gewalt und Reichtum nicht genüge, um jene Bedingungen zu erfüllen:

II 3297. 3298. Li ganins qu'il unt fait ualut mielz que li ors
Que dui rei bien manant n'en unt en lur tresors.
II 260. 261. Cuntre liepre ne ualt medecine ne mire,
Ne reis ne emperere, tant seit granz lur empire.
II 3140. 3141. N'i a rei, n'i a cunte ke ne crieme ne hee
Des dous dus tant puissanz l'amur e l'assemble.

Ebenso II 3126. 3127. II 1876. 1877. II 73. 74. — III 3468.

Bei der Zeitbestimmung gebraucht Wace eine etwas überraschende und komisch wirkende Hyperbel:

III 473. 474. Ariere traist plus tost sun pie
Ke hoem ki a serpent marchie

II. Die Hyperbel als Satzfigur nimmt im Stil eine sehr untergeordnete Rolle ein; sie hat nur wenig Reiz für die Phantasie und wird, falls sie häufig angewandt wird, leicht geschmacklos. Verwandte Wace die Hyperbel im Tropus und in der ästhetischen Figur nur spärlich, so geschieht dies auch in der Satzfigur.

Durch die Hyperbel als Satzfigur wird die Negation und Affirmation schärfer hervorgehoben.

a) Die Negation.

α) Hier sind es besonders die Verba sehen, wissen, finden, welche eine Verschärfung der Negation hervorrufen. Es tritt hierbei der Dichter selbst versichernd auf oder führt einen andern sprechend ein, wendet sich auch an seine Leser mit seiner versichernden Behauptung oder spricht

mit etwas matterer Färbung in der dritten
Person:

αα)
III 5113. 5114. Ne sai dirc les assenblees,
Ne les estors ne les medlees.
III 9130. 9140 En Normandie a gent mult ficre,
Jo ne sai gent de tel maniere.
II 1663. Sire, par fei, dist Cone, si produme ne ui.
II 1669. Par fei, dist Cone, sire, ne ui mais tel maisnie.

ββ)
II 444. 445. Bele fu la iurnee e grant la cumpagnie,
A peine truuissiez plus fort ne plus hardie.
II 1476. 1477. Unc ne ueistes hume ki graignur colp ferist
Qu'il a ateinst de l'espee nule rienz ne garist.
II 3868. Unkes de tantes gens ne ueistes graignur.

γγ)
III 7570—7572. Comment li dus armes porta,
A sa gent a entor sei dit,
Que mais si bel arme ne uit.
III 1196. 1197. Tant en ocistrent e murdrirent
Ke nul ne pout les morz esmer.
Ebenso II 551. 552. —
II 594. Ne saueit l'um plus gente dame ne dameiscle.
II 1493. Tant en neia en Seigne, que nuls n'en set le cunte.

β) Die Verstärkung geschieht durch adverbiale Bestimmungen des Ortes, zumeist unserm „nirgends" entsprechend.
I 464. 465. Qu'en tut le munt, a icel iur,
N'aueit cite de sa ualur.
III 2464. N'out plus feluns en nul realme
III 1431. 1432. Mahalt out nun, gentil pucele,
En plusurs terres n'out si bele.
III 6120. Soz ciel, dist il, tel gent n'en a.
III 7473. 7474. En tot le mont n'a altretant
De si fort gent ne si uaillant. —
II 457. Ne uirent mais de uiure en nul lieu tel pleute.

Aehulich auch II 1585. 1586; II 235. 236. —
III 7579. 7580; III 4933. 4934; II 1102.
γ) Durch Adverbialbestimmungen der Zeit.
III 1174. Unkes ne fu plus effree.
III 5076. Ja en lor uics pais n'aureient.
Ebenso III 5260.
II 2539. Ja mais a sun acort n'en iere en mun uiuant.
II 3034. N'i ont tel asemblee unc puis ne aiuc, ceo crei.
Ebenso II 3260.

Gern verwendet Wace zum Ausdruck der Hyperbel in negativen Sätzen den Comparativ, während er den Superlativ der Affirmation zuweist:
III 1395. 1396. Femme fu a l'empereur.
Ne poot aueir plus halt seignur.
III 10257. Dol out, ne pout aueir graignur.
II 259. Li liepre c'est pechiez, que nuls mals n'en est pire.
Gleiche Belege dafür bieten:
II 312; II 455; II 973; II 3872.

b) Die Affirmation.

Sie wird von Wace nur sehr wenig angewandt. Auch hier sind es, wie bei der Negation, locale Bestimmungen mit hyperbolischem Charakter:
III 659–661. En Lohier faili la lignice
Qui longement fu bien preisiee
Par tout le mond de Charlemaigne.
III 1979–1981. De Richart e de sa bunte
Fu par tote crestiente
Grant parole e grant reparlance.
Ebenso III 9141. 9142.

Entsprechend dem Comparativ in negativen Sätzen wird in affirmativen der Superlativ angewandt, doch auch dieser wie jener rein formell:
II 585. Botun, le plus halt prince de tuz les Normanz
pristrent.

III 5591. Li plus forz hoems fu del pais.
II 2808. 2809 La femme Bernart fu mult bien emparentee,
Ceo fu la plus preisiee e la plus honuree.

Ebenso II 358. 359. —

Ich füge hier noch einige hyperbolische Ausdrücke an, die sich in die oben gebrachten Einteilungen nicht einreihen liessen; es sind die Versicherungen, dass man lieber sterben wolle, als sich oder einen andern benachteiligen zu lassen:

III 6125—6127. Por uos, co dient, auancier
Se larreient en mer n^{cier}
Ou en feu ardant ieter

III 10449. 10450. Mielz uoldreit estre a mort feruz
Que del regne fust abatuz.

II 1419. 1420. Pur lur seignur garir se laissent dem^{aneis}
Ferir parmi le cors, u ardre en feu gregeis.

II 335. 336. Se uengier ne se puet, ia mais n'aura delit;
Mielz uolt qu'a glaive muire u que en eue nit.

Vergl. II 2805. 2807; II 3974. —

Die Litotes.

Das Gegenteil zur Hyperbel bildet die Litotes; sie ist die Uebertreibung nach unten hin, die Herabsetzung unter die Wahrheit (Wackernagel).

Wie bei der Hyperbel, so lassen sich auch hier zwei Arten der Litotes unterscheiden, je nachdem sie auf einem Tropus beruht oder zur Satzfigur geworden ist.

I. Die Litotes beruht auf dem Tropus. *)

---

*) Die Negationsverstärkungen *mie*, *point*, *pas* habe ich nicht besonders aufgeführt, weil sie im Altfranzösischen eine zu allgemeine Anwendung gefunden haben, als dass sie für die Darstellung der Eigentümlichkeit eines Dichters von Wichtigkeit sein könnten. Mehr Nachdruck haben allerdings diese Negationspartikel in der damaligen Zeit als jetzt.

Hier ist es besonders der Tropus der Synecdoche, welcher eine reichliche Anwendung gefunden hat, während die andern Tropen gar nicht in Frage kommen. Sie setzt das Bestimmte für das Allgemeine. So setzt sie zur Bezeichnung des allgemeinen „Nichts"

a) bestimmte Längenmasse ein:

$\alpha\alpha$) *piez*:

III 459. 460. E si il uait plein pie auant,
Ne pie ne pas, ne tant ne quant u. s. w.

III 10030. 10031. Que decha la mer d'Engleterre
Plein pie de terre nen eust. —

II 2523. Ne uus en lairreit, mie demi pic mesure.

II 658. J'a n'en aurai, dist il, ne plein pas ne plein pie

Aehnliche Beispiele sind:
II 483; II 911. —

$\beta\beta$) *dei*:

II 3030. Que sun fieu li rendra, n'en rendra plein dei.

II 4325. Tant cum Tiebalt tendra de ma terre plein dei.

$\gamma\gamma$) *coe*:

II 3460. N'en merrum al partir coe de lur aueir.

b) bestimmte Wertangaben:

α) *denier*:

III 10527. 10528. Ne uolt soffrir ne otreier
Que nus d'els i preist denier.

β) *esperon*:

II 1697. Mais li dus n'en uolt prendre uaillant un esperon.

γ) *gant*:

II 2022. Unkes li granz seruise ne li ualut un gant.

II 3257. Que l'escuz ne la bruine ne li ualut un gant.

δ) *muilun de fein*:

II 497. Unc ne dutai chastel plus qu'un muilun de fein.

ϵ) *fuille de col*:

II 347. Jeo me pris, dist Rou, une fuille de col.

ζ) *peis*:

II 4144. Eurcucs ont perdu, n'i preist uaillant un peis.

c) bestimmte Zeitangaben:

Es wird zur Bezeichnung unseres „niemals" eine Stunde oder ein Tag als Zeitdauer angegeben:
III 843. Ne prent une hure aueir pais.
II 1963 Ne dura mie un iur, ne une hure acheuee.

Ebenso III 988,

Eine steigernde Wirkung zeigt sich in folgender Litotes:
II 2311. N'i osoe parler, ne sul dire dous moz.

Ebenso auch
II 332. Ne uolt pas suluruer, ne ges'r en sun llt.

II. Die Litotes als Satzfigur.

Die Litotes tritt hier in der Form der Ironie und des Humors auf; beides weiss Wace trefflich zu gebrauchen, und recht drastisch lässt er oft den Gegensatz zwischen dem Gesagten und der Wirklichkeit hervortreten.

1) Durch diese Ironie zeichnet er die Schadenfreude:
III 9483. 9484. E se Robert Henri greuast
  Ja li reis ne s'en corecast.
II 2117. S'il damage uus funt, ia nel plaindrunt le iur.
II 558. Si as Franceis enuie, gaires ne lur en peise.

Ebenso II 2396; II 3007; II 4115; II 2599.

2) Die Niedergeschlagenheit der Besiegten:
II 4074. Ne li un ne li altre n'unt talent de gaber.
II 4146—4148. Vit ses damages granz, nel tint mie gabeis,
  Ne n'out talent de rire ne d'aler a gibeis,
  N'entendi mie a gas, n'a faire seruenteis.
II 8812. 3813. Se li Franceis nus meinent de si la en chacant,
  Ja de la, se Deus plaist, n'en turnerunt gabant.

Ebenso II 328 II 4311. 4312.; — III 3681. 3682.

3) Durch derartige ironische Wendungen wird auch die Tapferkeit des Einzelnen hervorgehoben:

II 1824. Ki sun colp atenti de su uie n'out cure.

Desgleichen II 3930.

II 1479. Qu'il ateinst de l'espee unkes puis ne fu liez;

4) Ferner der Tod umschrieben:

II 805. E mainz en i remest, ki puis n'entra en baing.

Dagegen zeigt Wace einen schalkhaften Humor in seiner Erzählung von dem Mönche, wenn er sagt:

III 373. 374. Li secrestain fu en fricon,
Ne uout ne ne quist cumpaignon.

III 477. 478. E cil kil tindrent l'unt leissie;
Unkes ne prist a eus congie.

Einen mehr formelhaften Charakter zeigt die Litotes in folgenden Beispielen:

II 766 Quant Rou les aperceit, ne uait mie fuiant.

Ebenso II 3795; II 4360.

Sentenzen und Sprichwörter.

„Sentenzen sind kurze Aussprüche, welche allgemeine praktische Wahrheiten enthalten. Sprichwörter sind in dem gemeinen Gebrauche gangbare, sinnreiche Aussprüche; sie sind die Sentenzen des grossen Haufens." (Adelung.)

I. Die Sentenz.

Wace ist sehr reich an Sentenzen und alle diese Sentenzen sind ernster, moralischer Natur.

Sie lassen sich ihrem Inhalte nach einteilen in solche, die

a) das bürgerliche,
b) das politische,
c) das religiöse Leben betreffen.

a) Sentenzen aus dem bürgerlichen Leben:
III 3447. N'est mie poures ki sens a.

Ein braver Mann soll nicht beginnen, was er nicht vollendet:

III 5941—5944. Prodoen ne deit rien comencier,
Ne esmouer por relachier,
Ou comencier e a chief traire,
Ou tot laissier sainz noise faire.

Allzu grosse Kühnheit führt oft ins Verderben:

III 2637-2640. Plusurs par lur grant hardement
Unt eu damage suuent.
En hardement, ki n'a mesure,
Puet tost aueir mesaventure.

Thöricht ist, wer sich erhebt; denn Hochmut kommt vor dem Falle.

III 6701—6706. Mais fols est qui se glorifie:
Tost est une ioie faillie.
Male nouele est tost uenue,
Tost poet morir qui altre tue;
Souent contre son destorbier
Se selt coer d'om esleccier.

Derselbe Gedanke wird auch in folgender Sentenz ausgedrückt:

III 11212—11214. Tels pert hui qui gaaigna ier.
Bien deuez saueir que fortune
N'est mie a toz ne toz tens une;
Tels fu desus qui riert desoz.

Eine ähnliche Sentenz enthält: III 1111. 1112; III 9079. 9080; III 10465—10467.

Wer gefallen ist, kann aber auch ebenso rasch steigen:

II 2609. Tels puet tost uenir hult ki tost est ius cheuz;

Ein Unglück, welches kommen soll, wird kommen:

III 5631-5634 Auenture qui estre deit
Ne poet remaindre qu'el ne seit
E chose qui deit auenir
Ne poet por nule rien faillir. —

Wer Schande sucht, soll Schande finden:
II 4087. Bien deit hunte truuer ki hunte uait querant.

Aus Freundschaft zum Vater soll man das Kind lieben:
II 2874. Pur l'amistie del pere deit l'um amer l'enfant.

b) Sentenzen aus dem politischen Leben.

Sie beziehen sich zumeist auf König und Reich, auf das Verhältniss zwischen Vasall und Lehnsherrn und und auf den Krieg.

α) König und Reich.

Ein Reich bedarf des Königs:
III 5847. 5848. Rei a regne aueir estoueit,
Regne sainz rei estre ne deit.
III 10155. 10156. E al realme rei estoet,
Kar sainz rei pas estre ne poet.

Ein König ohne Friedens- und Gerechtigkeitsliebe hat kein Recht auf die Regierung:
III 5797. 5798. N'a dreit el regne que il ait,
Qui pais e iustise ne fait.
III 5795. 5796. Maluais est regne e petit uaut,
Desque iustise e pais i faut.

Ein gutes Volk macht seinen König stark:
II 1082. Bone gent fait rei fort e sil fait estre fier.

β) Lehnsherr und Vasall.

Einen guten Herrn soll man beweinen:
III 765. 766. Bon seignor deit l'um bien plurer,
Kar grief chose est a recuurer.

Keiner soll seinen Herrn verlassen, sondern alles für ihn opfern:
III 11447—11450. Nus hoem a seignor terrien
Ne deit faillir por nule rien;
Menbre o uic li deit saluer
E terrien enor garder.

Denn derjenige hat sein Lehen verwirkt, welcher seinen Herrn bekriegt:

III 3911. 3912. N'a dreit el fieu ne en l'enor
Qui se combat uers son seignor.

Ein Herr ohne Mannen vermag nichts:

II 1090. 1091. Que puet faire uns suls hom e que puet espleitier,
Se li hume˙li faillent ki li deueient aidier?

Die Mannen eines schlechten Herrn sind verunehrt durch ihren Dienst:

III 1460. 1461. Mult ert prodom huniz ki sert malucis seignur,
D'hume malueis seruir n'aura l'um ia honur.

γ) Der Krieg.

Eine Schar schlechter Kämpfer gilt wenig im Kriege:

III 7887. 7888. Mais mult petit pries en bataille
Assemblee de uilanaille.

Oft beginnt einer einen Krieg, welcher ihn nicht mehr zu beruhigen weiss:

II 3580. 3581. Tels puet guerre esmuueir e guerre cumencier
Ki ne la repuet mie, quant il uolt, apaier.

Sehr wandelbar ist das Geschick des Krieges:

II 3212. 3213. Custume est bien de guerre e de mainte altre
ouraigne,
Que tels pert une feiz, ki altre feiz gaaigne.

II 3582. 3583. Tels quide sun pris guerre ki quiert suu desturbier,
E tels quide altre abatre, ki trebuche premier.

Aehnliche Sentenzen enthalten II 111; II 936. II 939. —

Etwas aus diesem Rahmen heraus treten die folgenden Sentenzen:

Jeder, der an der Arbeit teil nimmt, soll auch an der Beratung teilnehmen:

III 6053. 6054. Bien deiuent al conseil uenir
Qui al trauail deiuent partir.

Schlechte Hoffnung hat derjenige, andern ihr Recht zu nehmen, der das seinige nicht zu verteidigen wagt:

III 5027. 5028. Mal espeir a d'autrui dreit prendre
Qui le soen dreit nose deffendre.

c) Sentenzen, die sich auf das religiöse Leben beziehen:

Jeder Mensch ist sündig.

II 1723—1725. Kar hoem ki uit el siecle ne se puet astenir
De pechier, de iurer, de trichier, de mentir,
De biure, de mangier, de neer, de mentir.

Alles Gute soll seinen Lohn, alles Böse seine Strafe erhalten:

II 1265. 1266. Chascune bunte deit estre guerredunee,
E tute felunie deit estre cumparee.

Aehnlich ist auch die der heil. Schrift entnommene Sentenz:

III 407—410. Ceo testimonie l'escripture
E reisun est bien e dreiture
Ke tut bien iert gueredune
E chascun mal sera pene.

Hierzu stellt sich ferner die ebenfalls der heiligen Schrift entlehnte Sentenz:

III 393. 394. Iloc u ie te truuerai,
Iluec, dist Deus, te iugerai.

Je höheren Wert der Mensch hat, je mehr versucht ihn der Teufel;

III 351. 352. Mais de tant cum li hoem plus uaut,
De tant deable plus l'asaut.

Ohne die Kraft, den Segen des Himmels gilt selbst die Menge wenig:

III 7801. 7802. Mais multitude petit ualt,
Se la uertu del ciel i falt.

Gott zu dienen ist weise:
III 1866. Mult feit ke seiue ki Deu sert.

Ihm allein soll man dienen:
III 5334. Altre fors Deu seruir non dei.

Thöricht ist es, an Zauberei zu glauben:
III 7917. Nul prosdoem ne deit creire en sort.

Alles Irdische vergeht:
I 70. Tute oeure faite od mains perist. —

Mannichfach und zahlreich sind die Sentenzen, welche sich auf den Tod und die Vergänglichkeit des Lebens beziehen. Immer wieder lässt Wace das Thema „Jeder muss sterben" in seiner Chronik durchklingen, und dies darf uns nicht wundern, behandelt er doch die reichen Wechselfälle eines mächtigen Fürstengeschlechtes, welches, als lästiger und gefährlicher Eindringling von seinen feindlichen Nachbarn bedroht, mit allen Mitteln sich dieser erwehren musste.

Alles vergeht:
I 66 69. Tut chiet, tut muert, tut uait a fin;
Hom muert, fer use, fust porrist,
Tur funt, mur chiet, rose flaitrist;
Cheual trebuche, drap uiellist.

III 5776. A terre deit terre uertir.

II 91—94. Veir est que nuls ne naist, qui n'estuise murir,
E ki de terre uient a terre estuet uenir,
Nuls ne se puet de mort, tresturner ne fuir,
Ne pur aueir cunquerre ne pur aueir guerpir.

Reichtum und Tapferkeit schützen nicht vor dem Tode:
II 3563. Ne pout par sun aueir sa uie purluignier.
II 95—96. Ci ki out dous filz a sun terme fu morz,
Ne l'en pout rien deffendre cco qu'il fu fierz e forz.

35

Gering ist oft die Ursache des Todes:

II 934-935. Par mult poi d'auenture est une alme fende,
E par poi d'achaisun est une alme perie.

III 2371—2374. Si cum de tres grant marrement
Sunt maint home mort sudement,
De tres grant leesce ensement
Puet hom murir renablement.

Ein Jeder muss für sich sterben:

III 5771. 5772. Chascun por sei morir estoet,
Hoem por altre morir ne poet.

Durch Klagen wird niemand lebendig gemacht:

II 10275—10279. Ja por plaindre ne reuendront
Cil qui neie e qui mort sont.
Filz ne poet pere recourer,
Ne pere fils par dol mener.
En plorer n'a nul recourier.

Niemand stirbt gern:

III 1154. Kar nuls ne uelt de gre murir. —

II 963. Mais cil ki murir quident, volentiers repairassent.

Der Tod ist ein schlechter Sold:

II 3289. Mais cil ki morz i est en out male soldee.

II. Das Sprichwort.

Eine besondere Einteilung unter den Sprichwörtern zu treffen, hielt ich nicht für notwendig und so habe ich sie nach den einzelnen Teilen des Gedichtes zusammen gestellt.

III 233. 234. Li uif al uif, le mort al mort,
Al uif puet l'um prendre eunfort. —

III 509. 510. Sir muine, suef alez,
A passer planche uus gardez! —

III 1311. 1312. Mais ueirs est que li uilain dist:
Chien enragier lunges ne uit.

III 2165. Bien fait qui preste e mielz qui dune.

III 2636. Ki sun mal aoit mal se uenge.

III 4117. Tels n'i ont mal qui mult se plaignent.

III 4337. 4338. La pel, la pel al parmentier
   Co apendeit a son mestier.
 III 7926. Conseil arriere ualt petit.
 Niemand kann zwei Herren dienen:
III 10875—10879. Kar nul, co dist, a son espeir,
  . . . .
   Dous seignors bien ne seruireit,
   Ne egalment nes amereit,
   Que plus uers l'un ne se pendist
   E que a l'un mielz ne uolsist. —
 III 7948. A son ior a chascun sa mort.
III 8195. 8196. Que la saete fu bien faite
   Qui a Heraut fu en l'oil traite.
III 9869. 9870. Onques, dist il, n'oi parler
   De rei qui fust neie en mer.
 III 10971. Peresce semble maluaistie. —

 „Ein Wolf frisst nicht den andern":
  II 520. Lu ne prent mie lu ne gulpil sun semblant.

 „Es ist nichts so fein gesponnen,
 Endlich kommt es an die Sonnen."
 II 1263. 1264. N'est chose si reposte ki ne seit reuelee
   Ne oeure tant oscure ki ne seit demustree.

 „Der Hehler gilt gleich dem Stehler:"
  II 1283. Egal iugement unt ki emble e ki cunsent.

 „Wohl dem, der seinen Freund züchtiget":
  II 1341. Mult a buer le uergant ki sun ami chastie.

 „Ein Leid zieht das andere nach."
  II 4109. Une pert atreit l'altre, tost est uns duels dublez. —

Zweiter Teil.
Der figürliche Ausdruck der Sprache.

Versteht sich Wace in seiner Chronik weniger auf den bildlichen Ausdruck der Sprache, zeigt er namentlich im Gebrauch der Tropen einen Mangel an Originalität, lässt er hier eine Dürftigkeit und Beschränktheit der Phantasie durchblicken, so weiss er um so besser seiner Darstellung durch reiche Anwendung der Figuren Schmuck und Fluss zu verleihen und das durchaus nicht zum Schaden seiner Dichtung; denn interesselos wie oft ihr Inhalt ist, versteht der Dichter doch durch eine lebhafte, figurenreiche Darstellung seine Leser und Zuhörer für sich und sein Werk zu gewinnen.

Nach zwei Seiten hin lässt sich der Stoff dieses zweiten Teiles betrachten, indem man nämlich

I. Die Mittel ins Auge fasst, wodurch der Dichter die Lebhaftigkeit des Stils erstrebt und

II. Die Mittel, durch welche er die Aufmerksamkeit seiner Leser zu erregen sucht.

Die Lebhaftigkeit des Stils bewirkt Wace
1) durch die Anrede;
2) durch den Ausruf.

Auf die Aufmerksamkeit wirkt er ein:
1) durch die Schilderung und den Contrast;
2) durch die Wiederholung;
3) durch das Assyndeton und Polysyndeton;
4) durch die Alliteration.

Die Anrede.

Wace wendet sich gern in seinem Gedicht an seine Leser, zuweilen in recht lebhafter, zuweilen aber auch in recht formelhafter Weise; letzteres geschieht in der Regel durch die Anreden: *eis uos, ueissiez, oissiez* u. ä. Anredeformen, die in lebhafterer Erzählung immer wiederkehren. Wenige Beispiele mögen diese allgemein gebräuchlichen französischen Anredeformen darthun:

I 650. 651. Eis uus grande noise e granz criz,
Eis uus granz plainz granz plureiz.
I 677. 678. Eis uus l'euesque e le clergie,
Eis uus le cunte e ses baruns.
II 759. Dunc oissez e plurs e criz.
III 1116. Dunc oissez e colps e criz.
III 3357. Mult ueissiez Normanz plurer.
II 854. Mult ueissiez par Chartres gent crier e gent braire.
II 2085. 2086. Tel noise a par cez rues, n'oissiez Deu tonant.
Eis uus uile esturmie, haltement uunt criant.

Folgende Redensarten streifen dagegen diesen formelhaften Charakter ab:

I 95. Oir deuez, dunt Normant furent.
II 1194. Ne sai se uus l'auez oie.

Wace lässt seine Leser entscheiden:

III 564 Gardez, si fu honur u hunte.

Er fordert sie zur Aufmerksamkeit auf:

III 1385. 1386. Ore entende chascun e gart
De la noblesce al uiel Richart

Zuweilen sucht Wace durch seine Anrede im Leser das Gefühl des Abscheues oder der Wissbegierde zu erwecken, um ihn um so mehr an die Lectüre zu fesseln:

II 1969. — Oez, cum fait pechie!
III 4720. Oez com faite crualte!
III 7460. — Oez com faite felonie.
III 4697. 4698. Oez com faite deablie,
Grant traisun, grant felunie. —
III 5466. Oez par quel entendement!
III 11366. Oir poez miracle apert!

Die Form der Unterbrechung gebraucht Wace auch um zu erklären, dass er nicht alles in seinem vollen Umfange anzugeben vermöge, es auch nicht wisse; er giebt dadurch seiner Darstellung eine hyperbolische Färbung:

I 501-503. E tant esteient cspleitiees,
Que ne sai les queles lecuns
Ert alez lire uns des clercuns
III 4073. 4074. Ne sai ses granz faiz a conter,
Ne cels qu'il abati nomer.
II 459. Iluec unt a grant ioie ne sai quanz iurs este.
II 2959. Ultre les altres morz, dunt les numbre n'oi.

Ebenso II 1404; II 1564.

Wace will ferner nicht durch allzu grosse Genauigkeit seine Erzählung verlängern:

III 4076. Ne uos ferai mie lonc conte.
III 5346. Mais ne poon de tut parler.
II 10543-10546. Li reis Henri grant pose aueit
Le conte Guillame hacit,
E s'il uos plaist briement diron
De la haenge l'acbaison.
II 1775. Mais l'um ne s'i deit mie lungement demurer.

Gleiche Belege dafür sind: III 6439-6443; III 11400; II 3035.

Oft jedoch findet sich diese Unterbrechung ganz formelhaft angewandt, ohne dass ein lebhafterer Stil damit bezweckt werden soll:

III 3687. Ne sai s'il out nul esperon. —
III 4308. Ne sai s'il fu Norman ou non.

Aehnliche Unterbrechung zeigen ferner: III 310. III 4478. III 5637; — II 604. 605; II 1209; II 755. 756; II 542. II 4418. —

Der Dichter erklärt, dass er nur die Wahrheit erzähle; was er nicht genau verbürgt finde, will er verschweigen; deshalb beruft er sich auch wiederholt auf seine Quellen.

Der Dichter versichert die volle Wahrheit:

III 11367—11369. Kar onques pois cel parlement
— Co pois dire ueraiement —
Li gardin ne fructefia.

Was ihm unsicher dünkt, will er nicht berichten:

III 4147—4150. Ne uos uoil dire ne ne sai,
Ne ieo escrit troue ne l'ai,
Ne ieo n'i fu, ne ieo nel ui.
Li quel d'els melz se combati.

III 8877—8880. Ne sai dire, ne io nel di,
Ne io n'i fui, ne io nel ui,
Ne a maistre dire n'oi.

III 11345. 11346. Donc io ne uos sai les nons dire,
Ne io n'en uoil menconge escrire.

II 1355. 1356. Jeo ne di mie fable ne ieo ne uoil fabler;
Testemuine m'en poent cil de Fescomp porter.

II 1366. 1367. Ne sai nient de ceo, n'en puis nient truuer.
Quant ieo n'en ai garant, n'en uoil nient cunter.

Wiederholt beruft er sich auf seine Quelle:

III 4170—4172. E tant ocise e tant neie,
Que li molin de Borbeillon
En estanchirent, ceo dit l'on.

III 5619—5621. Issi l'ai troue escrit,
E uns altres liures me dit,
Que li reis le roua aler.

Aehnliche Belege dafür enthalten: III 4637—4639. III 7350. 7351; III 5625. 5626; III 10582.

Lebhafter gestaltet sich die Anrede, wenn sie als Frage auftritt. Wace hat jedoch von dieser Form nur sehr beschränkten Gebrauch gemacht:

I 612. Que uos ireie ieo cuntant?

III 10479. 10480. Que uos ireie io contant
E en paroles demorant?

II 65. Qu'en direie ieo plus? issi se departirent.
II 961. 962. Ki quidast que tant d'humes par tant gens passasent
Ne que cil qui a lire tel chose enprendre osassent?

Weitere derartige Belege sind: III 3552; III 11407.

Der Ausruf.

Wie der Anrede, so bedient sich Wace auch des Ausrufes zur Belebung seines Ausdrucks. In ihm tritt er aus dem Rahmen einer objectiven Erzählung heraus und zeigt uns, in welch enger Beziehung er zu den Gestalten seiner Chronik steht. Er freut sich mit ihnen, er trauert mit ihnen, wenn sie ihm sympathisch sind, verflucht und verwünscht sie aber, wenn sie wider seinen Willen handeln.

Diese subjectiven Gefühle bekunden sich
im Ausdruck des Bedauerns:

II 1930. 1931. Deus, purquei uint li dus entre ses enemis!
Mult le lairrunt aler desormais a enuiz.
II 1940. Deus, que li dus ne sout lur cuer e lur penser!
II 1980. Alas, quel felunie! Deus, purquei returns!
II 1961. He Deus, cum male paiz! cum out curte duree.
II 2004. Volentiers se medlassent, hai Deus, quel duel funt!
III 1120. Ceo fu doleruse asemblee.

im Ausdruck sittlicher Entrüstung:

II 2065. Deus, purquei l'a baisie, quant fei ne li porta!
II 2149. Deus, purquei le jura, quant tenir nel uoleit!
I 685. Mielz fust qu'il remainsist defors.

im Ausdruck der Verwunderung:

I 591. 592. Kil dunc ueist, cument quidast
Que li traitres repast?
II 5758. 5759 Deceuz fu Richart de ceo qu'il li pramist;
Ne fu mie merueille; ki quidast qu'il mentist?

im Ausdruck des Unwillens über ein Verbrechen:
III 543. 544. Deus, quel pechie, que od s'espee
Ad la meschine decolee!
III 10211. Deus, quel pechie e quel dol fu.

Dieser naive, volksthümliche Ton zeigt sich besonders in den warnenden Ausrufen, welche der Dichter an die Personen seines Werkes richtet:
III 2635. Mais or gart ke mal ne l'en prenge!
III 10856. Or penst li duc de sei deffendre. —

Ebenso im Ausruf der Freude über den Sieg der Normannen:
II 8280. Deus, tant Alemant unt la bunte repruuee!

In seinem Gedicht wendet sich derselbe auch direct an Gott, um Hilfe zu erbitten:
II 2501. 2502. Deus ait a Richart par sa sainte bunte,
Que li dus e li reis l'unt mult cuilli en he.
II 3665. 3666. Dameldeus l'en defende, ki suffri passiun,
Pur pecheurs saluer e metre a salueisun.

Zur Vollstreckung des Fluchs, den er über die Bösen ausspricht, fordert er Gott auf:
3227. 3228. Ke li duna par felunie
Un pautonier — Deus le maldie!
II 2727. De celui seit maldiz ki le munt asoleille
II 1997. Les traitres gardent, cui Damedeus mal dunt. —

Zum Ausruf gehören die Schwurformeln.

Sie sind von reicher Mannichfaltigkeit; denn nicht nur bei Gott und Jesum Christum wird geschworen, sondern auch bei den Eigenschaften Gottes, bei den Heiligen, den Gliedern des Leibes u. s. w. Doch ist zu bemerken, dass Teil II viel reicher in dieser Beziehung ist als Teil I und III.
II 2299. Ne sera nul de uos membres par Jhesu Christ
aseur.
II 2297. Amunt, dist Louis, Deus e ses sainz en iur.

II 2356. Suuent en iure Deu e sa sainte puissance.
II 3952. Suuent en iure Deu e ses saintes buntez.
III 4344. Jura par la resplendor De.
Ebenso III 7638. 7639.
III 2114—2116. Merci uus cri, nel me ueez,
Par nun de sainte charite
E pur la sainte amistie De. —

Bei Christus und den Heiligen:
II 1437. Par la fei que ieo dei al Saint Filium Padre.
II 2299. Ne sera nul de uos membres par Jhesu Christ aseur.
II 2297. Osmunt, dist Louis, Deu e ses sainz en iur
II 2697. Par la fei que ieo dei mun seignor Saint Martin
II 1436. Cuarz es, dist Botum, par le cors Saint Fiacre.
II 3975. Suuent en iure Deu e le barum Saint Gile.
III 9827. Le uolt de Luche en a iure.
III 10026. Par mon seignor Saint Julien. —

Bei dem Christentume, dem Glauben:
II 2635. Jeo nun, ceo dist li reis, par ma crestiente!
II 1278. En meie fei, dist Rou, nient ne t'en mescrei.

Aehnlich II 1663; II 4279. — III 7651.

Bei den Gliedern des Körpers:
II 2111. Par mun chief, distrent cil, ne uus en sauum gre.

Ebenso II 2754; — III 9236.
III 3191. Par le cuer iura de sun uentre. —

II. Zu denjenigen Mitteln des Stils, durch welche die Aufmerksamkeit der Leser erregt wird, gehört

Die Schilderung,

zu welcher ich die Beschreibung geselle, weil Schilderung und Beschreibung sich nur durch den Grad der Lebhaftigkeit unterscheiden.

Wace ist sich der Wirkung einer lebhaften Schilderung wohl bewusst und hat sie deshalb ziemlich reichlich in seinem Werke angewandt, namentlich da, wo es galt, Schlachten, die Vorbereitungen zu denselben und ihre Folgen darzustellen. Durch diese Schilderungen weiss er seinem oft recht monotonen Werke frischer pulsirendes Leben einzuflössen und lebhafteres Interesse für dasselbe im Leser zu erwecken. Reich an Schilderungen ist besonders der Teil III, während Teil II blosse Beschreibung enthält.

Ausrüstung eines Ritters :

III 7699 – 7701. Cheualiers ont haubers e branz,
Chauçes de fer, helmes luisanz.
Escuz au colz, es meins lor lances.

Ausrüstung des Fussvolkes:

III 7691 – 7698. La gent a pie fu bien armee,
Chascun porta arc e espee,
Sor los testes de fer chapels,
A lor piez liez lor panels;
Alquenz orent boenes coiriees,
Qu'il ont a lor uentres liees ;
Plusors orent uestu gambais,
Coiures orent ceins e tarchais.

Vorbereitung zur Schlacht:

III 7343 – 7348. Donc ueissiez hanstes drecier,
Haubers e helmes afaitier,
Estrieus e seles atorner,
Coiures emplir, ars encorder,
Eico tot apareillier
Qui a combatre aueit mestier.

Noch lebhafter ist die Schilderung in III 10381 bis 10388. —

Ein Heer vor der Schlacht:

III 8021 – 8026. Mult oissicz gruisles soner,
E boisines e cors corner;
Mult ueissiez gent porfichier,
Escuz leuer, lances drecier,

Tendre lor ars, saetes prendre.
Prez d'assaillir e de deflendre.

Die Schlacht:

III 1575—1586. Dunc ueissiez dures medlees,
Colps de lances e colps d'espees,
Freindre lances e pechier,
Baruns chaer, seles uidier;
Mult ueissiez uassals iuster,
Les uns les altres encuntrer,
L'un cheual a l'altre hurter
E trauerser e tresturner,
Les trus de lances halt uoler,
Feu des healmes estenceler,
Homes a terre iambeter,
E cheuals rednes trainer.

Nach der Schlacht:

III 1587—1592. Tant i out Franceis abatuz,
Tant morz, tant pris, tant retenuz,
Tant des cuarz, ki s'en fuirent,
Tant des malueis, ki se tapirent.
Mult sun li bon e li hardi.
Amenuise e afiebli.

Die Flucht:

III 4155—4160. Mult uissiez chemins errer
E cheualiers esperoner;
Mult ueissiez armes ieter
E haubers de dos reuerser,
Blez e champaignes trauerser,
Cheuals estanchier e lasser.

Verteidigung einer Festung:

III 1505—1510. Esgarde unt quel remaindrunt,
E qui les portes garderunt,
E qui as kernels munterunt.
E les breteskes defendrunt,
E ki dedenz les recearunt
Al repairer, si mestier unt.

Die Schilderungen des „Trinkgelages der Engländer vor der Schlacht," III 7355—7360 der „Vorbereitung eines Schiffes zur Abfahrt" III 1158—1160 und „der Landung" III 6503—6508 reihen sich in Bezug auf frische, lebendige Darstellung den oben angeführten Beispielen ebenbürtig an. —

Weniger Lebhaftigkeit zeigen derartige Darstellungen in Teil II. Ich beschränke mich hier nur auf einige Belegstellen.

Die Erhebung des Volkes:

II 2907—2911. Entrestute sa terre n'a barun ne preuost,
Ne cunte ne uiscunte, ne burgeis tant repost,
Cheualier ne uilain, ki remaneir i ost;
La u li reis manda s'asemblerent mult tost.
Ne remest uielz espees, ne uielz escuz a post.

Vorbereitung zur Schlacht:

II 3506—3508. Mult peussiez ueeir uns e altres trembler,
Chamberlens e seriunz e escuiers haster,
E uadlez metre seles e cheualiers armer

Die Schlacht:

II 801. Cist trebuche, cist gist, e cist muert e cist saigne.

II 3239—3243. La pcussiez ueeir estur espes e grant,
Mainte lance bruisier e sachier maint uert brant,
Maint escu bis e ruge e maint healme luisant,
Maint cheual escumer, ses rednes trainant,
Par rues e par chant maint cheualier gisant.

Aehnlich in II 845. 846. II 3269—3271. II 3272 bis 3275. II 3889—3904.

Die Flucht:

II 3525—3531. Ceo fu a un matin, a l'albe aparissant,
Que cil de l'ost s'esmurent, tuit ensemble fuiant:
Mult alout cil detries celui deuant hastant,
N'alout pas li filloels sun parrain atendant,
L'enfes laissout sun pere e pere sun enfant
Ki plus poeit aler ne s'alout pas feignant;
Mult iert tenuz pur fols ki s'alout regardant.

Vergl. ferner II 3972—3975.

Plünderung des Schlachtfeldes:

II 3512—3514. Mult ueissiez larruns e paltuniers errer,
Sas e mantels e robes e altres males embler,
Destriers e palefreiz e runcins tresturner.

Verwüstung des Landes durch den Krieg:

II 693— 697. La gent de cest pais est mult descunfortee,
Partie en est fuie e partie est tuee,
N'ia buef ne charue, ne uilain en aree,
Ne uigne prouigniee, ne culture semee;
Mainte iglise i a ia eissilliee e gastee.

Hiermit vergl. man auch II 4181—4187.

Eine vornehme Stadt:

II 3469—3471. Vit grant gent, uit grant uile, uit bel burc herbergie,
Vit clers e uit burgeis e uit riche marchie,
Vit le barnage grant e bien apareillie.

Der Contrast (Antitheton).

Hier stellt der Dichter zwei Dinge so neben einander, dass sie in mehreren Eigenschaften entgegengesetzt erscheinen, um dadurch eins durch das andere zu heben und anschaulicher zu machen. — Wace bedient sich des Contrastes, um Charaktere zu zeichnen:

III 972. La guerre ama, la peis haï.

III 5135—5138. Li dus Guill. fu mult proz,
Les enemis damaga toz,
Por sa largesce fu amez
E por sa proesce dotez.

III 10771. 10772. Co hai que li reis ama
E co loa que il blasma. —

II 13. 14. Rou fist alkes a dreit, Hasteins fist a enuers,
Rou fu amiables, Hasteins fiers e diuers

II 147. 148. As dous freres fist paiz par grant deceptiun,
E li freres le firent par bone ententiun.

II 1874. Quant Flamenc plus me iurent e ieo plus les mescrei.

Bei seiner Charakterzeichnung stellt er oft das Aeussere des Menschen zu seinem Innern in grellen Gegensatz; besonders geschieht es, um heuchlerische Naturen darzustellen:

III 8579. 8580. E de corsage esteit petiz,
Mais mult esteit proz e hardiz.

II 2066. Salua le de buche, mais li cuers nel pensa.

II 2900. Par semblant li pesa, mais en sun cuers li plout.

Recht contrastisch versteht Wace Feigheit und Tapferkeit einander gegenüber zu stellen:

III 3963—3966. Donc ueissiez cheualiers poindre,
Les uns torner, les altres ioindre,
Hardiez auant esperoner,
Coarz gopillier e trembler.

III 4471. 4472. Li hardi uolent la bataille,
Li coart uolent qu'ele faille.

III 8030—8034. Mult ueissiez Engleis fremir.
Genz esmouer, ost estormir.
Les uns rouir, les uns palir,
Armes saisir, escuz leuer,
Hardiz saillir, coarz trembler.

Ebenso III 8093; III 8823. 8824. —

II 2954. 2955. De grant air i fierent li pruz e li hardi,
E li cuart s'en fuient, kar cuers lur sunt failli.

Die harte und rauhe Beschäftigung des Rittertums wird dem Vergnügen des Fischfangs und der Jagd entgegen gesetzt:

II 3913. 3914. Aspre mestier e dur a en cheualerie,
Plus suef est asez riuiere e uenerie.

Ebenso II 3907—3910.

Ferner bedient sich Wace des Contrastes bei der Darstellung feindlicher Zusammenstösse:

III 4125. 4126. Franceis de totes parz espeisent,
Normant dechient e descressent.

III 4153. 4154. Grant fu la torbe des fuianz,
E grant la torbe des feranz.

III 8237. Normant fuient, Engleis enchacent.
III 8267. Cist fiert, cist faut, cist fuit, cist chace. —
II 938—939. Franceis e Peuteuin fierement assaillirent,
E Normant e Daneis forment se defendirent.
II 3267. 3268. Kar Alemant i puinstrent cume une gente desuee,
La maisnie Richart rest mult desmesuree.

Die Wiederholung.

„Sie besteht darin, dass man den Gedanken oder den Begriff, welchen man am stärksten will merken lassen, auf eine geschickte Art wiederhole" (Adelung). — Die Wiederholung hat somit den Nachdruck zum Endzweck; damit verbindet sich sehr oft eine belebende Wirkung, die schliesslich dem Dichter zum Hauptzweck wird.

Wir unterscheiden eine doppelte Art der Wiederholung:

A. Wiederholung durch dasselbe Wort;
B. Wiederholung durch synomyme Ausdrücke.

A. Wiederholung durch dasselbe Wort.
Diese kann eine verschiedene sein:
a) Wiederholung desselben Wortes in verschiedener Declinations- und Conjugationsform — *Polyptoton* —;
b) Wiederholung von Wörtern gleichen Namens — *Annomination* —;
c) Wiederholung desselben Wortes in unveränderter Gestalt, aber in verschiedener Stellung im Satze resp. Verse.

a) *Polyptoton*.
Diese Figur wird sehr häufig vom Dichter angeangewandt, doch etwas einseitig; denn zumeist erstreckt

sie sich auf Verba in verschiedener Conjugationsform. Gewöhnlich erscheint das Verb in der einen Form im Futur oder Infinitiv (abhängig von *poueir, faire, uoleir*), während die andere Form eine beliebige sein kann.

Nur einmal erscheint verschiedene Declinationsform:

I 306. Li dui contre les dous se tindrent. —

Verschiedene Conjugationsformen:

III 689. Faire la uolt e il la fist.
III 4773. Mult a dure e mult durra.

Fernere Belege sind: III 1314. III 1455. III 5311. III 5320. III 5363. 5364. III 5799. III 6132. III 6245. III 6818. III 7439. 7440. III 7652. III 7797. III 7833. III 8876. III 8877. III 10077. III 10745. III 10756. III 10787. 10788. —

II 2034. Le pere maintenismes e le filz maintenuns.
II 2296. N'a encor forfeit rien, ne ia ne forfera.
II 3404. Maint i a trai hume e maint i traira.
II 3712. Li reis t'a mult sufieit, ne te uolt mais suffrir.

Weitere Belege bieten: II 2996. II 125. 126. II 3422. 3423. II 3676. II 3720. II 3864. II 4008.

b) *Annomination*.

Diese Figur der Wiederholung wendet Wace häufig und in stets wechselnder Form an. Gewöhnlich sind es zwei Worte im Verse, auf die sie sich beschränkt, und diese können sein:

α) *Substantiv* und *Substantiv*.
β) *Substantiv* und *Adjectiv*.
γ) *Substantiv* und *Verb*.

Um eine bessere Uebersicht zu bieten, führe ich nicht den ganzen Text, sondern nur die bezüglichen Wörter an.

α) *Substantiv* und *Substantiv*.

III 273. 274. Clers, clergie. chcualiers, cheualerie.

III 2665. cheualiers e cheuals.
III 3992. cheuals e cheualiers.
III 7284. chastel c chastellerie.
III 9951—9953. felonies, felons.
III 4699. traitre, traison. —
II 4362. porte, portier.

β) *Substantiv* und *Adjectiv.*
III 2212. 2213. leesce, liez.
I 458. 459. malice, mals. —
II 3669. cheualiers, cheualerus.
II 1964. feintie, feinz.
II 4020. orguil, orgueillus.

γ) *Substantiv* und *Verb*:
III 4332. 4333. contenement, contenir.
III 4456. cheual, cheualchier.
III 4620. chauces, chaucier.
III 10972. 10973. chastiement, chastier.
III 6842. 6843. deliurance, deliurer.
III 5953. 5954. desfiance, desfier.
III 7101. 7102. espies, espier.
III 9373. hoses, hoser.
III 10977. 10978. pramesses, prametre.
III 11089. seruanz, seruir.
III 4703. traitre, trair. —
II 3247. armes, armer.
II 4086. armes, desarmer.
II 3261. criee, crier.
II 3449. cunseil, cunseiller.
II 2497. dun, duner.
II 2397. erite, heriter.
II 2392. plainz, plaindre.
II 1879. sucurs, sucurer.
II 201. sunge, suugier.
II 3447. 2448. traitre, trair.

Hierher zu rechnen ist auch der Fall, in welchem behufs einer gesteigerten Wirkung dasselbe Adjectiv im Positiv und Comparativ gesetzt wird:
III 7245. 7246. De l'escumenge ont grant poor
E de la bataille graignor.

Eine gleiche Wirkung wird auch erzielt, wenn ein Wort in beiden Geschlechtsformen auftritt:
II 2347. Les uieillart e les uieilles erent a genuilluns
II 2564. Asez firent si humes chaitiues e chaitis.
Ebenso II 566.

c) Bei der Wiederholung desselben Wortes in unveränderter Gestalt lassen sich nach der Stellung desselben im Verse resp. Satze folgende Fälle unterscheiden:
aa) Wiederkehr desselben Wortes in unmittelbarer Folge;
bb) Wiederkehr desselben Wortes an wichtigen Stellen des Verses resp. Satzes. —

aa) Die Wiederkehr desselben Wortes in unmittelbarer Folge — *Epizeuxis* — steht in der Anrede, im Ausruf und in adverbiellen Bestimmungen.

α) *Epizeuxis* in der Anrede:
III 634. Sire, sire, n'est mie issi.
III 1141. Fuiez, dist il, fuiez, fuiez!
III 1667. Demandent lui: „u sunt, u sunt?
III 1668. 1669. E il lur dist: la uunt, la uunt!
Puignez, puignez! ias truuereiz.
III 3033. Baruns, dist il, cirez, cirez!
III 3718. Belz filz, crit il, montez, montez!
III 4957. Franceis, Franceis, leuez, leuez!
III 8133. Poinst si lor dist: „estez, estez"!
III 9975. „Filz a putain, fuiez, fuiez!"
Ebenso III 8059. 8060. —

II 3430. Tut iur uus diseit: Venez, seignurs, uenez!
II 3819. Que faites uus! dist il, uecz les la, ueez!

β) *Epizeuxis* im Ausruf:
III 2669. E cil crient: „Alum, alum!"
III 7514. Armez uos tost, alon, alon!
III 10121. Amis, dist ele, or sai, or sai.
III 11093. E Brun, dan Brun, Bruu, gentil ber.
III 11153. La hart, la hart al traitor.

γ) *Epizeuxis* in adverbiellen Bestimmungen:
III 6163. Les barons manda un e un.
III 8217. Poi e poi uunt Normaut fuiant.
III 9355. 9356. Terre son pere aueit este
De parente en parente.
III 7145. 7146. Ou sol contre lui sol ueniet
E cors a cors se combatist. III 7156.
III 4430. Ou ost contre ost ou autant quanz
I 325. De port en port se uunt turnant. III 1266.
III 5225. – Sa gent enpres de uile en uile. –

II 3303. En anels dous e dous en uunt maint a cople.
II 1939. Par les mains s'entrepristrent si sistrent lez a lez
II 3379. Ne redutent nului, se il sunt per a per.
II 156. E li reis e sa gent plus e plus s'esluignierent
II 2247. Tant ala par la mer, turnant de port a port.

δ) Zur Epizeuxis gehören ferner die Fälle, in welchen sich gleiche Prädikate, gleiches Subject und Object und gleiche Objecte unmittelbar folgen:
III 8704-8706. Quel part que il alout, alout
E quant li dus tornout tornout,
E quant arestout arestout.
III 8788. E la ou il poigneit poigneient.
III 10420 - 10422. Que parent tuast son parent,
Cosin cosin e frere frere,
Parent parent e filz son pere. —

II 994. Tenum nus ensemble e ensemble murrum.
II 3529. L'enfès laissout sun pere e pere sun enfant.
II 4007. Empres se uolt uengier e uengier se quida. —

bb) Die Wiederkehr desselben Wortes am Anfang des Verses resp. Satzes — *Anaphora* — ist Wace sehr geläufig. Er bedient sich ihrer bei lebhaften Schilderungen und Beschreibungen, aber auch in andern Fällen, um einen frischen Fluss der Erzählung zu erzielen.

Die Anapher erstreckt sich auf alle Wortklassen:

α) *Substantiva:*

I 105. 106. En nort alum, de nort uenum,
Nort fumes tuit, en nort manum.

I 556. 557. Pais de uenir e pais d'aler
E pais de uiande achater.

I 606. 609. Li euesque li sermuna,
Li euesque li priseigna,
Li euesque le baptiza,
Li euesque le cresmela.

III 391. 392. En ueie de mal s'esteit mise,
E en ueie de mal l'ai prise.

III 844—850. Tute cur sunt sumuns as plais;
Plaiz de forez, plaiz de moneies,
Plaiz de purprises, plaiz de ueies,
Plaiz de bies faire, plaiz de moutes,
Plaiz de defautes, plaiz de toutes,
Plaiz d'aguaiz, plaiz de graueries,
Plaiz de meslees, plaiz de aies.

III 6237. 6238 Ja Franceis la ne uos siurra
Ne Franceis mer ne passera.

III 7487, 7488. Felons furent e felons sout,
E faus furent e faus scront.

Die gleiche Figur der Wiederholung zeigen: I 462. 463. III 773. III 2047. 2048. III 5092. 5093. III 6859. 6860. III 6905. 6906. III 7317. 7318. III 7671. 7672. III 9316. III 9873. 9874. III 10271. 10272. —

II 993. Auenture est de tut, en auenture entrum.
II 1195. Paiz ama e paiz quist e paiz fist establir.
II 4342. 4363. A la porte apela, li portiers li ouri,
A la porte apela, si tint pur fol hardi.

Beispiele gleicher Art zeigen folgende Stellen:
II 810; II 1501; II2033. II 2389. 2390. II 2957. II 2992.
II 3676. II 4008. —

β) Adjectiva:

1 458. Mals fu Bier, mals fu Hasteins.
III 691. 692. Bons hom:s et bons cheualiers
E bons clers ama e tint chier.
III 757. 758. Granz fu li mals, murir li estut,
Granz fu li deuls, quant il murut.
III 799 - 806. Gentil furent li chapelein,
Gentil furent li escriuain,
Gentil furent li cunestable,
E bien puissant e bien aidable,
Gentil furent li senescal,
Gentil furent li marescal,
Gentil furent li butteillier,
Gentil furent li despensier.

Weitere Belege enthalten: I 19. 20. I 121. 122.
I 240. I 526. 527. III 1240. 1241. III 5033. 5034.
III 7895—7897. III 6418—6420. —

II 763. Vielz escuz, uielz espicz, uielz lances uunt portant.
II 1282. 1283. Egal lei, egal peine, egal mals uus atent,
Egal iugement unt ki emble e ki cunsent.
II 1175. 1176. Riches furent les noces, quant furent mariez,
Riches fu li cunreiz ki i fu aprestez.
II 2825 2826. Dolenz fu de sa terre, dunt il fu demanez,
Dolenz fu de ses humes, ki li fu controblez.

γ) Pronomina:

1 65. 66 Dutc rien se turne en declin,
Tut chiet, tut muert, tut uait a fin.

I 131—134. Maint grant persecution
E maint grant destruction
E maint damage e mainte guerre
Firent Normant en mainte terre.

III 4799—4807. Cels de Reims e cels de Seissons,
Cels de Leun e de Noions,
Cels de Meaus e de Uermendeis,
Cels de Pontif e d'Amincis,
Cels de Flandres e de Belmont,
Toz cels qui d'ultre Seigne sont,
Cels de Brie e cels de Prouinz
A cenz, a milliers e a uinz.
Fist en Belueisin assembler.

III 6494—6498. Totes sunt ensemble ariuees,
Totes sunt ensemble acoetees,
Totes sunt ensemble aancrees;
Ensemble totes asechierent
E ensemble les deschargierent.

Weitere Belege enthalten: III 1505—1610. III 1781. 1782. III 4817—4820. —

II 787—791. Tels i quida ferir ki unkes n'i feri,
Tels quida altre abatre ki al premier chai,
Tels quida enchalcier ki asez tost fui,
Tels quida gaaigner ki del sueu i perdi,
Tels quida altre abatre ki mort i recuilli.

II 1647. 1648 Par els fussent le iur e par els cheualchassent,
Par els fussent la nuit e par els herbergassent

Ebenso II 3404; II 4250. 4251. II 142.

δ) *Verba.*

Noch häufiger als Substantiv, Adjectiv und Pronomen gebraucht Wace das Verbum, um die Figur der Anapher zu bilden:

I 368. 369. Portent messal, portent saltiers,
Portens nistre e encensiers.

III 917—910. Fust par hume, fust par seriant,
Fust par femme, fust par enfant,
Fust par iuresce, fust par ire,
Asez tost oi Richart dire.

III 2665. 2666. Ferez cheualiers e cheuals,
     Ferez seignurs, ferez uassals.

III 6651—6658. Vit les archiers des nes ieter
    E cheualiers empres uenir,
    Vit charpentiers, uit lor coignies,
    Vit les granz genz, uit les maisnies,
    Vit le mairrien des nes ieter,
    Vit le chastel faire e fermer,
    Vit le fosse enuiron faire,
    Vit escuz e armes atraire.

Ferner: III 635. 636. III 3732. III 5125. III 5284
bis 5290. III 4295—4299. III 8156. III 8845—8847.
III 9019—9021.

II 1628. Vit le duc, uit la curt e uit le grant barnage.
II 3417—3479. Esforciee est e close de murz e de fossez,
    Esforciee est de cues ki li curent delez,
    Esforciee est de turs e d'altre fermetez.
II 3714—3717. Vols li deseriter, uols li terre tolir,
    Vols li par felunie eissilier e hunir.
    Tiens le pur si cuart, que s'en deie fuir,
    Tiens le pur si malueis, qu'il te uoil le guerpir
II 2732. 2733. Peise lui que si luing s'est en uain trauailliez,
    Peise lui que del dun est si tost retailiicz.

Ferner: II 49; II 560. II 573. II 876. 877. II 1374.
II 2342. II 3165. II 3469—3471. II 4024—4027. II 4153
bis 4155. II 4232—4234.

ε) *Adverbia.*

Diese Wortklasse hat als Anapher eine geringere Anwendung gefunden als die übrigen; auch erstreckt sich diese Anwendung nur auf die Adverben *tant* und *mult*, während andere sich nur sporadisch verwandt finden:

  I 47. Cesar, ki tant fist e tant pout u. s. w.

III 5458—5460. Tant por le rei asseurer,
    Tant por ses parenz maintenir,
    Tant por ses homes garantir u. s. w.

I 194. Mult l'amoent, mult s'i fioent.
III 2571—2573. Mult le honora, mult le serui,
Mult le dona, mult li offri,
Mult li dona dras e deniers.
I 578—581. Suuent iert pale, suuent ert pers,
Suuent asdenz, suuent enuers,
Suuent s'endort, suuent s'esueille.
Suuent s'estent, suuent uentraille.

Fernere Anwendung dieser Figur zeigen: I 576;
III 697. 698. III 5021. 5022. III 5521. 5522. III 10473.
10474.

II 2711. 2712. Tant dist Bernart al rei e tant li fauela,
Tant loa Normandie e Huun tant blasma u. s. w.
III 3014. 3015. Tant a fait la reine e tant a purchacie,
Tant a dit as baruns e tant a cunseillie u. s. w.
III 1186. 1187. Mult les a paiez tuz a lur uolentez,
Mult les a essalciez e mult les a armez.
II 135—138. Mult i out de naffrez, mult en i out de pris,
Mult i out d'ambes parz uielz e iuefnes ocis,
Asez i out de morz, e mult i out de uis,
Asez perdi le iur chascuns de ses amis.
II 1786. 1787. Bien les a cunreez e bien les a uestuz,
Bien les a honurez e bien les a peuz.
II 3677. Trop uus est pres ueisins, trop uus est damagus.
II 3973—3975. Suuent lasche ses rednes e suuent les retire,
Suuent tence a ses humes, suuent gient e suspire
Suuent en iure Deu e le barun Saint Gile.

Einige weitere Belege für diese Figur bieten: II 60.
II 418. II 2564. 2565. II 3701.

Ausser den genannten Wortarten haben auch andere, wie Conjunction und Negation, Verwendung in der Anapher gefunden, jedoch in sehr geringem Masse. Ich werde mich daher auf wenige Beispiele von derartigen Anaphern beschränken müssen.

Negation:

II 8679—8685. Mais nus ne poet a toz entendre,
Ne de toz ne poet raison rendre,

Ne pois de toz les cols retraire,
Ne io ne uoil longue oure faire.
Ne sai nomer toz les barons
Ne de toz dire les sornons
De Normendie e de Bretaigne. —

II 2197—2200. Ne nel sout, ne nel uolt, ne il sa main n'i mist,
Ne part ne hart n'i out, ne il s'en s'entremist,
Ne par sei, ne par altre sun mal mortel ne quist,
Ne cil kil purchaca par sun cunseil nel fist. —

Conjunction:

III 8550—8563. E dam Richart qui tint Orbec
E li sires de Bonesboz,
E cil del Sap e cil de Gloz,
E cil qui donc teneit Tresgoz u. s. w.

II 2817—2820. E mainte alme de cors a grant dolur seuree,
E tute Normandie cumeue e trublee,
E tute la sentence en altre fei turnee,
E Richart aura ainz sa terre recuuree.

Zur Bildung der Anapher benutzt Wace nicht blos einzelne Wörter, sondern auch ganze Sätze, die er ihrem ganzen oder teilweisen Wortlaute nach wiederholt:

III 2921. 2922. „Hu te seit", dist il, „hu te sait"!
E tierce feiz dist: „Hu te seit!"

III 8927. 8928. Mais mult se quident ainz uengier
E mult se quident uendre chier. —

II 2279 2280. Li reis esteit aillurs, ne sait quelz plaiz teneit,
Li reis esteit aillurs, mais quant il repaire u. s. w.

II 2653—2655. Li dus a la plente de la cheualerie,
Li dus a la plente de la gaaignerie,
Li dus a la plente de bone gent garnie.

II 2732. 2733. Peise lui que si luing s'est en uain traueilliez
Peise lui que del dun est si tost retailliez.

Ebenso II 2017. —

cc) Wiederholung desselben Wortes am Versschlusse „Epiphora."

Für diese Figur liefert Teil II einige Belege, doch kann schliesslich auch hierher gerechnet werden:

III 2921. 2922. „Hu te seit," dist il, „hu te seit!
E tierce feiz dist: „Hu te scit! --

II 57. 58. Li frere respundirent que ia ne lur faldrunt,
Tlegnent fei tuit ensemble que ne lur faldrunt,*)

II 129 130. Li reis e li barun encuntre cheualchierent,
Li un cuntre les altres fierement cheualchierent.

II 2408. 2409. Pur uus quidout chascuns es're amez e cheriz,
E uus fussiez par els honurez e cheriz. —

Wörter von gleicher Gestalt aber von verschiedener Bedeutung bilden den Endreim folgender Verse:

I 648. 649. Dun drap de seie fu cuuerz,
Cume se morz fust li cuuerz. —

dd) Wird das Schlusswort eines Verses im Anfang des nächsten Verses wieder aufgenommen, so nennen wir diese Wiederholung *Anadiplosis*.

Diese Figur hat im 3. Teil eine reichere Anwendung gefunden als die Epiphora, während sie sich im 2. Teil auf ein Beispiel beschränkt:

I 148. 149. Que l'um clamout Coste de Fer
Coste de Fer pur ceo out nun u. s. w

III 181. 182. Des Engleis furent rei tuit trei
E tuit trei furent duc e rei.

III 743. 744. De ses autres fiz li preia,
Preia e dist e cumanda.

III 1208. 1209. Mais deliurer ne s'en preient
Ne s'en preient deliurer.

III 9167. 9168. Engleterre ai cunquise a tort,
A tort i out maint home mort.

---

*) Der Herausgeber nimmt hier eine Verderbung des Textes an, weil beide Verse in gleichen Sätzen auslauten; dass aber die Epiphora dem Dichter nicht fremd war, geht aus den vorhergehenden und folgenden Versen hervor.

In gleicher Gestalt zeigt sich die Anadiplosis in III 922. 923. III 2297—2299. III 6884. 6885. III 7628. 7629. —

II 3792. 3793. A ceo que li quens dist l'altre espie descent.
L'espie descendi, a Richart uint curant.

ee) Das wiederholte Wort kann eine wechselnde Stellung im Satze resp. Verse einnehmen. Es entsteht dann die Figur des *Chiasmus*.

III 8882. 8883. Mais od les morz fu morz troucz;
Mort fu troue entre les morz.

III 4300—4302. N'ert mie a prendre par assaut;
Forz ert li lieus e desfensables;
N'ert mie par assaut pernables.

Ebenso I 226. 227. III 4457. 4458. III 7614. 7615. III 9169. 9170.

II 952. 953. Quant il orent mangie, uolentiers se dormirent;
Franceis sunt endormiz par lur loges s'eslassent.

II 618. 619. Dunc dist a cels dedenz que Paris li rendissent
La cite li rendissent, u de lui la tenissent.

Ebenso II 399. 400. —

Von dieser bisher behandelten Wiederholung desselben Wortes in gleicher Bedeutung unterscheidet sich die Wiederkehr des dem Klange nach gleichen Wortes aber mit verschiedener Bedeutung — „das Klangwortspiel" — eine Art der Wiederholung, die Wace selten aber in origineller Form anwendet:

I 119. 120. Franceis dient que Normendie. —
Ceo est la gent de Nort mendie. —

II 207. 208. Del trauail de cest siecle as Engleis paruendras,
C'est as angres des ciels, u od Deu regneras.

II 3211. Tels uient sains a medle ki al departir saigne,

B. Nachdem ich die Wiederholung desselben Wortes darzustellen versucht habe, will ich die Wiederholung desselben Begriffs durch synonyme Ausdrücke einer nähern Betrachtung unterziehen.

Diese Wiederholung kann auftreten:
I. als *Perissolgie;*
II. als *Pleonasmus.* —

Die Perissolgie wiederholt
a) synonyme Begriffe, um ihnen Nachdruck zu verleihen,
b) sie gewinnt den Charakter des Parallelismus, indem der Dichter einen Begriff durch das verneinte Gegenteil erweitert.

a) Wiederholung synonymer Ausdrücke.

Diese Wiederholung ist eine häufige und mannichfaltige, artet aber nie bei Wace in Manie aus. Eine scharfe Einteilung dieser wiederholten Ausdrücke ist wohl kaum möglich.

Ich führe zunächst die Verba und Substantiva an, welche ein Sagen, Denken, Verstehen u. ä. bezeichnen.

Verba:
III 10861. 10862. banir, commander e establir.
  III 7088. braire e crier;   I 281.
  III 9817. crier e dire.
  III 555. conuistre e saueir.
III 7833. 7834. dire e banir.
  III 7076. dire c loer.
  III 6057. dire e mostrer.
    I 71. entendre e conuistre e saueir.
  III 4815. mander e banir.
III 5205. 5206. mander, dire e crier.

Substantiva:
  III 895. diz e paroles;   III 9219.
  III 1981. parole e reparlance.
  III 2488. Plai ne parole. —

Verba:
- II 1194. crier e banir.
- II 502. dire o cunter.
- II 2701. dire, iurer, destiner.
- II 1537. preier e requerre.
- II 739. sumondre e mander.

Substantiva:
- II 2532. dit e cumant.
- II 895. a hu e a cri.
- II 867. parole e sermun.
- II 3548. renumee e reparlance.

Zahlreich, ganz besonders im 2. Teil, sind die Synonymen, welche dem Kampfe, der Plünderung u. s. w. entnommen sind:

Verba:
- I 438. destruire e eissillier.
- I 382. 383. destruire e deserter.
- III 2802. destruire e gaster.
- III 2621. 2622. eissillier e gaster.
- III 1063. 1064. greuer e destruire e deseriter.
- III 4567. gaster e destruire.
- III 1829. matirier e ocirre.
- III 1123. morir e detrenchier.
- III 8658. morir e ocirre.
- III 8482. ocirre e tuer.
- III 8709. 8710. ocirre e tuer e abatre.

Substantiva:
- III 434. contredit e tenceon.
- III 462. contredit e chalenge.
- III 3285-3299. Par les chasteals surstrent les guerres
  E les destructions des terres,
  Granz medlees e granz haenges,
  Granz purprises e granz chalenges
  Des mesfaiz e d'autres afaires.

III 2693. 2694. estur espes dure medlee. I 179.
III 3035. 3036. medlee e tenceon.
I 131 - 134. Mainte grant persecution
E mainte grant destruction
E maint damage e mainte guerre
Firent Normant en mainte terre.
III 1235. 1236. tueiz e martire. —

Verba:
I 742. ardeir e gaster. II 2550.
II 797. 798. cunfundre e abatre e ocirre e mehaigner.
II 652. cunfundre e destreindre.
II 2738. destruire e eissillier.
II 1400. destruire; purprendre; gaster.
II 1703. destruire e gaster.
II 4003. destruire e rober.
II 143. 144. greuer e travailler e damagier.
II 2221. II 2844. II 4107, II 3681.
II 697. eissillier e gaster.
II 709. embler e tolir; II 845.
II 900. laidir e damagier.
II 2605. mater e cunfundre. II 608. II 3713—3715.
II 3847. morir e tuer.
II 3368. nafrer e mahaigner.
II 1615. 1616. prendre e saisir.
II 1024. ocirre e defoler.
II 3694. ocirre e detrenchier.
II 1481. ruser e damagier.
II 942. tuer e matirier.

Substantiva:
II 3032. damage e hunte.
II 3555. desturbier e nuisance
II 3981. duel e martire.
II 33. guerre e tencun.
II 4157. hunte e damage.
II 3585. mal e damage.

II 2340. mahaing e destructiun.
II 3664. mort, damage, desfactiun.
II 102. pertes e damages. II 1140.
II 1137. preie e tolage.
II 1305. trauail e peine.

Ich schliesse hieran die synonymen Ausdrücke für „sterben":

I 65. 66. Tut rien se turne en declin,
Tut chiet, tut muert, tu uait a fin.
I 598—600. Cremeient que l'ame en alast,
E que ia mais n'en releuast,
E que passiun l'eust pris.
III 9250. Morut li reis, del siecle issi.
III 10828. Quant il morut e il fina; —
III 925. D'ambedous parz asez en chai e morut.

Wenig zahlreich sind die synonymen Ausdrücke für Schurkerei, Heuchelei, Betrug und ähnliche:

I 632. 633. A traitur unt otreie
Sa felunie e sa feintie.
I 190. 191. Cels sunt unes genz mult diuerses,
Mult cuntraires e mult peruerses.
III 11323. 11325. Par couerture e par ueisdie
E par engien de trecerie
Furent les raencons nomees.
III 3422. Ki maint engin sout e maint art.
III 4246. 4247. Par ses engienz e par ses arz
Out mult damagez e destreiz.
II 3080. Ne suffri en la terre robeur ne larrun.
II 2680. 2681. Purquei tolez la terre a un petit enfant,
Pur duner a Huun, un felun, un tirant.
II 3673. 3674. „Sire rei," dist Tiebalt, „mult sumes tuit huntus
De Richart, cel Normant, cel aueutiz, cel rus."

In einem gewissen Gegensatz hierzu stehen die Synonyme des Ehrens, Wertschätzens, Liebens; sie mögen sich deshalb sogleich jenen anschliessen:

III 1501. Jamais n'aureient pris ne los.

III 4769. 4770. Mult ama Normanz e tient chiers
　　　　E mult les out fameliers; III 3418. —
　　II 294. Mult les a honurez, mult les a tenuz chiers.
　　II 1664. Mult m'a pur uostre amur honure e chieri.
　　II 3967. Mult a trestuz ses humes e cheriz e amez.
　　II 4122. De ceo fu mult cheriz e preisiez e amez.
　　II 974. De Frise iert uenuz querre pris e honur.
　　II 3308. Sun pris e sa ualur a suuent regrete.

In sehr beschränktem Masse wendet Wace synonyme Adjective an, ganz im Gegensatz zu den höfischen Dichtern, deren Romane geradezu damit überfüllt sind (man vergl. Chrestien); doch bezieht sich auch bei Wace die Mehrzahl der gebrauchten synonymen Adjective auf das höfische Leben. Ich werde diese deshalb für sich aufführen, um einen besseren Ueberblick zu gestatten:

　　III 2416. manant e riche　　III 5435. 5436. III 9187.
III 6021. 6022. nobles hom e bien fiers.
III 4411. 4412. raisonable e corteis.
　　I 408. sages e curteis.
　　III 4928. uaillant e fort. —

Zahlreicher sind diese höfischen synonymen Adjective im Teil II.

　　II 2775. bele e gente
　　II 3704. bien cuinte e enueisie.
　　II 69. cuintes e bien senez.
　　II 610. forz e hardiz.
　　II 1810. forz e puissanz.
　　II 325. hardiz e forz.
　　II 1108. gente e de bone facun.
　　II 1417. pruz e curteiz
　　II 972. pruz e preisiez.
　　II 4268. sage e enloconne.

Um den Charakter oder die Eigenschaft eines Dinges möglichst ausführlich wieder zu geben, werden ihm mehrere Adjective beigelegt:

III 10016. bels e granz e bien pleniers
III 9431. 9432. corteis e proz e mult preisie.
III 7136. eulocone e sage, bien coneu e enseignie.
III 3415. 3416. mult fiers e bons hardiez.
III 4879. 4880. mult orgueillos, mult cruels e mult damages.
III 6334. mult precios e riche e bel.
III 7131. 7132. uaillanz, hardi e proz e combatanz —

II 238. Dunt l'euc bele e clere, nete e saine cureit.
II 2319. 2320. Richart ert bels e sages e de bele facun,
Bien fu enloconnez e de bele raisun.
II 3047—3049. Mult fu bels, mult fu' genz, gentilz hom resembla
Gent cors out e bel uis e sagement parla,
Ne fu trop orgueillus, ne trop ne s'a baissa.

II 1290. 1291. Lunge Espee sis filz esteit de bel iuuente
Bien esteit parcreuz e de bon escient.
II 1629. curteis e noble e sage.
II 2823. granz e forz e senez.
II 2836. mananz e riche e bien enloconnez.

II 17—19. La gent de Dancmarche fu tuz tens orgueilluse,
Tuz tenz fu surquidee, e mult fu cuueituse,
Fiere fu e preisant, gais e luxuriuse.

II 1395. 1396. Riulf fu orgueillus, mult mena grant fierte,
Mult fu pleins de malice e pleins de cruelte.
II 2868. pruz e cuinte e de grant escient.

Hieran schliesse ich diejenigen wenigen Adjective, welche pleonastischen Charakter tragen:

III 880. Bacheler de bele iuuente.
III 6141. E io merrai par bone amor   III 6748.
III 7043. „Heraut" dist Guert, „maluais coart."
III 1149. Trahez uos a parfunde mer.   III 1655. —
II 2374. Ernulf li mals t aitre s'est uers lui afaitiez.

Alle diejenigen Synonymen, welche sich in obige Rubriken nicht einreihen liessen, lasse ich alphabetisch geordnet folgen, habe jedoch, um eng zusammengehörige Wörter nicht unnötig auseinander reissen zu müssen, diese Reihenfolge hier und da durchbrochen:

III 10168. aie e force.
III 840. aie e seruisce.
III 10957. aueier e mananties.
III 702. aueier e rente.
I 725. aueier ne robe.
I 152. charmer e enchanter.
I 486—488. clarte, resplendur e bealte.
III 9656. coroz e ire.
III 654. despendre e duner.
III 10180. duner e despendre.
III 155. duner e mettre en mein.
III 3214. duner e rendre.
I 76. durer nc uiure. III 1440.
III 7932. doter e criendre. III 9726. III 10413.
III 5272. esparner e manaier. III 8596.
III 2730. grant le gaain e grant la prise.
III 5783. garnir e maintenir.
III 4393. garnir e rescorre.
III 9582. tenir e garder.
III 6289. letre e escrit.
I 373. mucer e enfoer.
I 627. 628. a la maniere e a la guise. III 624.
I 475. nager e sigler.
III 4198. pais ne repos.
III 841. plaintes e quereles.
III 5021. 5022. peser e desplaire.
III 2722. rute e chemin.
I 77. Par lunc tens e par lungs aages.
III 4476. temulte e bruit.
III 277. ueeir e trouer.

III 2828. Veiant la gent, a descouert.
III 374. uoleir ne ne requerre.
III 539. uestir e atorner. III 575. 576. III 534. —
II 617. aie e succurs; umgekehrt II 3157.
II 1769. berser e uener.
II 987. coiement e suef.
II 4037. tut suef e sanz noise.
II 1881. clos, esforcie e ferme.
II 705. 706 crestiens deuenir, baptestire receiure, paienime guerpir.
II 3953. creistre e munter.
II 3043. crieme e esfrei.
II 967. crieme e pour.
II 1886. criendre e reduter.
II 195. cuchier e gesir en sun lit.
II 3964. cumoueir e trubler.
II 4330. sa culpe e sun pechie.
II 3978. curus e ire.
II 2244. curucus e iriez.
II 2590. demurer e targier.
II 3433. deceueir e gaber.
II 1746. Disner ne repast.
II 2781. dolent e triste.
II 1696. duner e offrir.
II 3051. rendre e duner.
II 1605. dute ne mescreance.
II 2049. embler e faire roberie.
II 2731. enflez e iriez.
II 164. esluignier e partir.
II 4247. fable e menz.
II 3730. faillir ne falser.
II 2762. fiance e espeir.
II 1414. force ne puissance.
II 3082. furche ne destructiun.
II 2854. garantir e defendre.

II 3977. 3978. grater e defrire.
II 1684. grundillier e defrire.
II 1558. ioie e deduit. II 1884.
II 2607. ioie e gabeis.
II 4401. iurer e fiancier.
II 2614. liurer e rendre.
II 1818. maintenance e sucurs.
II 3188. mener e guider.
II 2303. monde ne pur.
II 3306. pesance e duel. II 3551.
II 2410. plainz e cris.
II 1651. prendre e saisir.
II 3308. pris e ualur.
II 2264. a pru e a salu.
II 3409. querre ne preier.
II 2226. requerre e chalengier.
II 1952. seur e certain.
II 2621. taire e estro muz.
II 1959. tenir e garder.
II 3342. trubler e esturmir.
II 2480. ueincre ne mater.
II 1928. uielz e antis. —

Einzelne Synonyme haben durch ihre wiederholte Anwendung formelhaften Charakter erhalten, sie sind stehend geworden. Solcher formelhaften Synonyme bedient sich auch Wace, und zwar beziehen sich diese Synonymen, wie sich erwarten lässt, auf das politische Leben.

Teil II hat eine öftere Anwendung derartiger Synonyme als Teil III.

III 3535. Par serement e par fiance.
III 4214. Feeltez firent e homages.

Ebenso III 9009. —

II 101. Jamais li filz n'aurunt od lui trieues ne paiz.

Ebenso II 570; II 4391.

II 707. E uolsist a nus paiz e amistie tenir.
II 3143. 3144. La paiz e la cuncorde, que li reis out iuree,
Pur Ernulf le Flamenc poi aura curte duree.
II 3478. Ki ne porte a hume ne fei ne amistie.
II 3000. Que fei ne serement a hume ne teneit.
II 1422 Si hume ne li tindrent serement ne fiance.
Ebenso II 2474; II 2259; II 2355.
II 4373. Jamais ne te harrai, ainz te iur e afi.
II 1955. Chascuns l'a par sa main e plenic e iure.
Ebenso II 2496.

Einen derartigen formelhaften Charakter tragen auch einige synonyme Adjective, die einem deutschen „gesund und heil" entsprechen:

III 4925. 4926. Quion le cunte de Pontif
Ont pris Normant tot sain e uif.
Ebenso III 2067. —
II 198. Cument en sun pais sains e liez reuendreit.
II 2317. Se sains e sals m'eschapes, dreit as que Deu en los
(Vergl. Alliteration.) —

b) Wiederholung eines Ausdruckes durch sein negatives Gegenteil.

Eine derartige Wiederholung, die allerdings oft der Reimnot zu Hilfe springen musste, kann sich auf alle Glieder des Satzes beziehen; sie findet im Teil II wie im Teil III zahlreiche Anwendung.

α) Das Subject wird wiederholt:
I 680 Tuit i cureut, nuls n'i remaint.
II 650. Destruit sunt tuit enfin, nesuns n'en out respiz.

β) Das Prädicat:
III 1717. 1718. Uncore esteiet tuit paien,
N'esteient mie cristien.
Ebenso III 487. 488. III 733—736; III 749. 750. III 815. 816. III 591. 592. III 5851. III 10216. III 5191. 5192. III 9262. —

II 1517. Encor dure li nuns, ne fu puis remuez.
II 1214. A lur seignur le distrent, ne l'oserent celcr.
Ebenso in II 404; II 2335. II 2793. II 3466. II 3611.
II 2426. II 592. 693. II 1159.

γ) Das Object:

III 1407. 1408. N'i out mie lunges fermailles,
Sempres firent les espusailles

III 11244. Toz les prist, nul n'en echapa. I 224. 225. —

II 415. Kar il n'aueit la force, ne il tant ne ualeit.

II 1078. 1079. Se ceste chose dure, mult aurunt grant chierte,
Ja tant cum guerre seit n'en aurunt grant plente.

Ebenso II 3754. 3755.

δ) Das Adverb:

III 682. Mais n'i sist guaires, tost l'out prise,

III 1909. „Va tost", d'st il, „ne te targier."

III 9499. 9500. N'alont mie eschariement,
Assez menout od lui grant gent.

Ebenso III 431. 432; III 643. 644. —

II 2803. Priuement cunseillent, ne funt pas grant criee,

II 3226. Serrement se tindrent, n'oserent desrengier.

Desgleichen: II 3192. II 3802.

Neben diese Wiederholung, die sich nur auf ein Satzglied bezieht, tritt eine Wiederholung, die, zuweilen selbst in unveränderter Gestalt, den ganzen Satz resp. Vers wiedergiebt, ohne den ausgeprägten Charakter der Litotes zubesitzen, wie die oben erwähnte Wiederholung. Die wiederholten Sätze oder Verse können sich unmittelbar folgen, oder sie können auch durch Verse von einander getrennt sein. Selten wird ein Vers mehr als zweimal wiederholt. Diese Art der Wiederholung hat Wace ziemlich beschränkt angewandt, trotzdem macht sie auch in seinem Werke den Eindruck einer Lückenbüsserin für eingetretenen Reimmangel. Sie tritt im Teil II und III an Zahl verhältnissmässig gleich auf:

{ I 619. Ne quit pas uiure lungement.
{ I 621. Ne quit mie lungement uiure.
{ I 674. De cels ki plurent unt pitie.
{ I 683. Graut pitie unt de cels ki plurent.
{ III 276. Unkes de rien nen out pour.
{ III 278. Unkes de rien ne s'esfreia.
{ III 300. Unkes de rien ne s'esfreia.
III 2764. 2765. La nuit deuint neire e obscure;
Le ciel nerci, la mer trubla.
III 2879. 2880. Quant Will. primes nasqui,
Ke del uentre sa merc issi u. s. w.
{ III 5996. 5997. Et ainz, co dist, mer passereit,
Que de Heraut ne se uengast.
{ III 5999. 6000. Li dus dist que mer passera
E de Heraut se uengera

Aehnliche Wiederholungen enthalten: I 367 in I 374 und 1 376. I 542 in I 544. III 4239. 4240 in II 4241. II 4162 in III 4166. III 4595. 4596. III 4988. 4989. III 2879. 2880. III 7120 in III 7123 und 7129. III 6070. 6071. III 7535. 7536. III 7915—7918. III 8065. 8066 in III 8099. 8100. III 9250. III 9265. 9266. III 9342. 9343. III 9405. III 9601. 9602 in 9603. 9604. III 9904. 9905. III 10266. 10267 in III 10715. 10716. III 10811—10814 in III 10815. 10816. —

{ II 735. Mult l'unt, ceo dist, gabe e mult l'uut echarni.
{ II 737. Mult l'unt, ceo dist, Franceis escharni e gabe.
{ II 3724. Ne chastels ne cite ne te purreit garir.
{ II 3735. Ne chastels ne cite ne te purreit saluer.
{ II 3801. Hui uerrum ki ferra e de lance e de brant.
{ II 3803. Hui uerrum le plus pruz e le mielz cumbatant.

Weitere Beispiele sind: II 542 in II 544. II 947. II 854. 855. II 1649. II 2192 in II 2196. II 3490 in 3494. II 3524. II 3636. II 2138. 2139 in II 2145. 2146. II 2961 in II 2968. II 4195. II 3653. 3654 in 3655 bis 3657.

II. Der *Pleonasmus*.

Gebraucht Wace mit einer gewissen Vorliebe synonyme Ausdrücke, so ist er in der Anwendung des Pleonasmus sehr sparsam. Nur mit wenig Beispielen ist er in seinem Werke vertreten.

Wir begegnen ihm in der Metonymie, wo neben das eine Thätigkeit vertretende Glied des menschlichen Körpers die Thätigkeit selbst gesetzt wird; ferner tritt er uns in Ausdrücken entgegen wie *bone amor, parfunde mer* u. s. w.

Zergliederung.

Während die Wiederholung durch nochmaliges Setzen desselben oder eines synonymen Ausdruckes der Sprache Kraft und Nachdruck zu verleihen sucht, bestrebt sich die Zergliederung durch Auflösung der Begriffe in ihre einzelnen Teile der Sprache grössere Klarheit zu geben.

Der Weg, welchen die Zergliederung einschlägt, um zum Ziele zu gelangen, kann ein doppelter sein:

I. Sie zerlegt allgemeine Zahl-, Zeit- und Orts-Angaben, die unserm „niemand", „nichts", „niemals", „nirgends", „alle", „immer" u. s. w. entsprechen, in bestimmte, oft zu einander im Gegensatz stehende Angaben.

II. Sie sieht von diesen Gegensätzen ab, sucht vielmehr einen Gattungsbegriff, der entweder schon genannt worden ist oder leicht gefunden werden kann, durch Aufzählung seines Inhalts klar darzustellen.

I. a) Zergliederung negativer Ausdrücke:

α) Niemand:

III 1231. 1232. N'i laisscrent Daneis uiuant,
Home ne femme ne enfant.

III 1305. 1306. N'aueit de nul home pitie,
Ne de pule ne de clergie;
III 5780. 5701. E si n'as nul enfant eu,
Filz ne fille ne nul altre eir.
II 15. 16 Unkes n'ont merci ne de frans ne de sers,
Ne clers ne lais n'ama, ne muines ne cuuers.
II 3698. 3699. A hume ne a femme ne porta amistie,
De franc ne de chaitif n'out merci ne pitie.
II 4222. Chcualier ne uilain n'unt nule seurte.
II 200. Mais nuls hom forz ne fieble guerre ne li fereit.
II 3309. Ne saueit uiel ne iuefne ki fust de sa bunte.

Weitere Beispiele dafür enthalten: II 692. II 3734. II 4100. 4101.

β) Nichts:

III 7374. Char ne sain ne maingereient.
III 8407. 8408. Eue ne feu uel retenist,'
Se sis sires bien le poinsist.
II 695. 696. N'i a buef ne charue, ne uilain en aree,
Ne uigne prouigniee, ne culture semee.
II 2545. Ja mais nel seruireit ne de tant ne de quant.

γ) Niemals:

III 279. 280. De nule rien que il ueist
Ne nuit ne iur pour nel prist,

Ebenso III 2086; III 9527. 9528.

II 2304. N'ose issir de la uile par cler ne par oscur.
II 4263. Jamais ne sera paiz ne iur ne nuit tenue.

Ebenso II 4021.

I. b) Zergliederung entsprechender affirmativer Ausdrücke.

αα) Alle:

I 71. 72. Bien entent e cunuis e sai,
Que tuit murrunt, e clerc e lai.
I 216 217 Kar enfant tant empres naisseient,
E filz e filles tuit creisseient
III 5918. Tuit le seuent, petit e grant.

III 5963. 5964. Les peres chaca e les meres,
Filz e filles, serors e freres.
III 7315. 7316. E que deuendront li enfant,
Femes e filz petit e grant?

Fernere Belege dafür bieten: I 439. I 280. 281;
III 1963; III 5066.

II 1062. Tuent iuefnes e uielz, tuent granz e petiz,
II 1545. Mult le cremurent tuit e luingtain e uoisin.
II 813. Li paisant s'enfuient, li malade e li sain.
II 2345. Li grant e li petit furent a urisuns.
II 2347. Li uieillart e li uieilles erent a genuilluns.

Gleiche Zergliederung zeigen: II 242. II 1714.
II 2078. 2079.

β,β) Alles:

II 809—811. De si qu'al Chastel Dun ne laissierent a plain
Maisun a uaussur, ne maisun a uilain,
Dunt il n'aient gaste e le uin e le pain.

γγ) Ueberall:

III 2796—2798. Pruz fu a terre, pruz en mer,
A terre fu bons cheualiers
E en mer fu bons mariniers.
III 9987. Par ueies fuient e par chans.
II 29. Fust par mer, fust par terre del pais les chacoent
II 133. Fort deca fort dela, lunges se cumbatirent.
II 1151. Qu'il amunt e aual a quis e sa femme esculta.
II 1026. Grant aleure uunt par pastiz e par blez.
II 3833. Dunc i out asez iustes e par munz e par prez.

δδ) Immer:

III 3063. 3064. Qui laissoueut lur auoe
luer e este defuble.
III 4576. Boen fu auant e boen apres.
II 1945. Jeo sui mult curius e al seir e al main.

II. Zergliederung eines Gattungsbegriffes.

Wace bedient sich mit grosser Vorliebe dieser Zergliederung, um seine Darstellung möglichst klar und vollständig zu machen. Er entwickelt hierbei eine recht grosse Lebhaftigkeit und Beweglichkeit, so dass diese Zergliederung oft in die Schilderung übergeht. Ich beschränke mich hier auf wenige Belegstellen, da viele schon bei der Schilderung Erwähnung gefunden haben.

Ein mächtiger König:

III 1239. 1241. Suein fu reis mult poestis,
    Mult out homes, mult out amis,
    Mult out terres, mult out aueir.

Ein mächtiger Vasall:

III 5591. 5592. Li plus forz hoem fu del pais,
    Fort fu d'omes e fort d'amis.

Schiffe und Waffen:

I 256—263. Mult ueissiez uiaude atraire
    Nes e batels e chalanz faire,
    Apareillier escuz e armes,
    Esmoldre haches'e guisarmes,
    Espees e healmes furbir
    Halbers roler, espiez brunir,
    Saetes e darz aguisier
    Fleches doler, hantes drecier.

Befestigungswerke:

III 1295—1298. N'i aueit gueres fortelesce,
    Ne tur de piere ne bretesche,
    Se n'esteit en uielle cite
    Ki close fust d'antiquite.

Zuweilen hat die Zergliederung mehr den Charakter der Steigerung:

I 79. 80. Unt perdu lur premerains nuns
    Viles, citez e regiuns.

I 99. 100. Cest air, cest ciel u terre u mer,
    Tut soelent gent nort apeler. —

Höfisches Benehmen:

ll 4123—4127. Li quens de Normendie fu mult pruz e curteis,
Bien maintint ses uilains, bien out chier ses burgeis.
A ses baruns duna terres, fieus e cunreiz,
As filz as uausurs duna duns e harneis,
Armes e palefreiz e cheuals espaneis.

Empfang von Gästen am Hofe:

ll 1785—1787. Willeame les a tuz a honur receuz,
Bien les a cunreez e bien les a uestuz,
Bien les a honurez e bien les a peuz.

Glieder des Körpers:

ll 989. 990. Al fer c a l'acier la ucie deliurum,
Testes e puinz e piez c oreilles trenchum.

ll 2242. 2243. Se l'en laissiez aler od oilz, od puinz, od piez
Qu'il n'ait les garez cuiz e les dous piez trenchiez.

Haustiere:

ll 2722. Qu'en la terre ne preigne buef ne porc ne oeille.

Wildpret:

ll 1111. 1112. Mult aura grant plente de char e de peissun,
De sengliers e de cers e d'altre ueneisun. —

Um der Sprache Lebendigkeit und Fluss zu verleihen, anderseits aber ihr einen hemmenden Zügel anzulegen, bedient sich Wace des

Asyndeton und Polysyndeton.

„Während das Asyndeton, die „Ungebundenheit", eine grössere Beweglichkeit, einen schnelleren Fortschritt durch die Auslassung der Conjunctionen erzeugt, so hält das Polysyndeton, die „Vielverbundenheit", die Einbildung auf, fesselt sie an einen Punkt und gestattet, sich an dem Ganzen der Reihe wirklich auch als an einem Ganzen recht satt zu schauen".

Wie schon aus dieser Definition Wackernagels hervorgeht, eignet sich das Asyndeton, in zweiter Linie erst das Polysyndeton, für die Schilderung, Beschreibung und Zerlegung, und hier hat auch Wace reichlichen Gebrauch von dieser Figur gemacht.

I. *Asyndeton:*

a) Es werden einzelne Worte asyndetisch verbunden:

I 160—163. Ki genz, ki nes, ki aueier orent,
Od femmes, od serianz, od filz
Par grant trauail, par grant perilz,
Par plusurs terres s'espandirent.

III 777—779. Pur sa bunte, pur sa noblesce,
Pur sa ualur, pur sa largece
Fu cist li bons Richard clamez.

Ebenso III 883—888. III 4903. 4904. III 6515. 6516. III 7956—7960. —

II 1668. Ses beles, ses deduiz, ses aueirs li offri.

II 1723—1725. Kar hom ki uit el siecle ne se puet astenir
De pechier, de iurer, de trichier, de mentir,
De beiure, de maugier, de neer, de mentir.

II 3941. 3942. Li estraier enparent ki panel, ki suiere,
Ki escuz, ki espee, ki healme, ki crupiere.

Fernere Beispiele bieten: II 763. II 1016. II 1282. II 1537. 1538. II 2099—2101. II 2242.

b) Es werden Sätze asyndetisch verbunden:

I 66—69. Tut chiet, tut muert, tut uait a fin,
Hom muert, fers use, fust purrist,
Tur funt, mur chiet, rose flaistrist,
Cheual trebuche, drap uiellist u. s. w.

III 7895—7898. Mult ont lances, mult ont escuz,
Mult ont haubers, helmes aguz,
Mult ont glaiues, mult ont espees,
Ars e saetes barbelees.

III 9019—9022. Dona chastels, dona citez,
Dona maneirs, dona contez,
Dona terres as uauasors,
Dona altres rentes plusors.

Weitere Belege sind: III 5245—5247. III 8267.
III 9043. 9044. III 10233. 10234. 1 526. 527. 1 578 bis
581. 1 606—609; —

II 418. Tant lur dist, tant lur fist, tant promist, tant duna.
II 1181. 1182. Duna champs, duna rentes, duna molins e prez,
Duna bois, duna terres, duna granz heritez.
II 1462. 1463. „Bernart", ceo dist Willeame, „asez t'ai esculte,
Asez m'as laidengie, asez m'as deuile u. s. w.
Ferner II 801. II 2197—2200.

II. Polysyndeton.

III 2277. 2278. N'en sorent unkes ki reter.
Ne ki hair ne ki blasmer.
III 7355. 7356. Mult les ueissiez demener,
Treper e saillir e chanter.
II 502. 503. Dunc lur a dit Hastein e cunte de ses faiz,
D'estranges e d'oribles e de bels e de laiz.
II 797. 798. Il truuerent la gent mult fiere e mult grifaigne,
Ki cunfunt e abat e ocit e mehaigne.
II 3512—3514. Mult ueissiez larruns e paltuuiers errer,
Sas e mantels e robes e altres males embler,
Destriers e palefreiz e runcins tresturner.

Ferner II 89. 90. II 187. II 384. II 758—761.
II 878. 879. II 990. II 1183. 1184. II 3503—3505. II 4011.
II 4410. —

Zu dem Asyndeton und Polysyndeton gesellt sich als ein nicht weniger wirksames Mittel der Klangmalerei

Die Alliteration.

„Sie fördert den Wohllaut der Sprache, schafft der raschen Bewegung Ruhepunkte und lässt die bedeutendsten Worte scharf hervortreten."

Es können alliterieren:
a) Substantiv mit Substantiv;
b) Adjectiv mit Adjectiv;
c) Verbum mit Verbum.

a) Substantiv mit Substantiv:

1 411. En feu e flambe l'aluma.
III 7315. 7316. E que deuendront li enfant,
Femes e filz petit e grant?
III 657. N'out fiz ne fille ne autre heir. III 7292.
III 9502. Mena od lui freres e filz.
III 4198. Mais il n'i out pais ne repos.
III 4347. N'en porteront ne pie ne poig.
III 2488. Plai ne parole altre ne tindrent.
III 11120. Prisons e preies amenout. —
II 1660. N'i out puis ki osast duner colp ne colee.
II 23. Tant i out filz e filles e femmes e serianz.
II 1204. 1205. Ja n'iert si gentilz hom qu'il ne face hunir,
U en feu u en furche le mal espaneir.
II 1223. Creuer oilz, ardre u pendre a piez e puinz colper.
II 1821. Al duc chai as piez od telz plainz, od tels plurs.
II 3504.
II 4005. Od prisuns e od preies a Roem repaira.

b) Adjectiv mit Adjectiv:

III 346. Ki bon sereit e bel a dire.
Ebenso III 1166. III 3626. III 5284.
III 5439. Goigne fu fel e faus.
III 3276. E andui furent fort e fier.
Ebenso III 656. III 1354. III 2625. —
II 2275. 2276. Richart ert bels e bons e bien se cunteneit,
Bel parlout a la gent e bels se mainteneit.
II 2284. Li rei fu fel e fiers, forment s'en curuca.
II 96. Ne l'en pout rien defendre ceo qu'il fu fiers e forz.
II 1964. Ernulf fu fals e feinz, de grant feintie.
II 200. Mais nuls hom forz ne fieble guerre ne li fereit.
Ebenso II 692; II 3734.
II 2592. Chascuns fu forz e fiers e forment guerreia.
II 972. Pruz iert e preisiez iert e bien de sun seignur.
II 3625. Mielz t'est estre tut sain e salf e en uertu.

Verbum mit Verbum:

III 1461. 1462. Juste l'eue, ki Arue ad nun,
  Fist e ferma une maisun. III 2488. III 3374.
III 8002. Mult deussent plaindre e plorer.
  Ebenso III 11080. III 11083. III 11085. III 10271.
III 10509. 10510. Qui le duc firent mer passer
  Por lui guerreier e greuer.
III 5293. De maltalent sofle e sospire.
II 1766. Li pere l'out bien fait e duire e doctriner.
II 1823. 1824. De la plainte qu'il fist eu fist plurer plusurs.
  Herluin se cumplainst, en plurant quist merci.
  Ebenso II 2351; II 2418.
II 3164. Tant a Ernulf li fals e preie e pramis.
II 4390. Mult ueissiez Franceis defrire e defriper.
II 3831. Quant il uiudrent al mur effundrer e foir.

In der Einleitung habe ich darauf hingewiesen, dass die Gegenüberstellung von Teil III und Teil II dazu dienen könne, eine Lösung der schwebenden Frage, ob Teil II Wace zuzuschreiben ist oder nicht, zu erzielen oder wenigstens einen Beitrag zur Lösung zu bieten. Zwar ist dieser Versuch, aus dem Stil der beiden Teile auf den Autor zu schliessen, schon gemacht worden (Seite 90 ff. der Einleitung zum *Roman de Rou*, herausgegeben von Andresen), allein nur in sehr dürftigem Masse. Ich habe nun Teil II und Teil III etwas eingehender nach diesem Gesichtspunkte verglichen, habe auch in einzelnen Fällen Teil I (d. h. die 751 Achtsilbler, welche den Alexandrinern vorausgehen und Wace zugeschrieben werden) zur Vergleichung mit herangezogen und darnach glaube ich Wace als Verfasser des Teil II annehmen zu dürfen.

Gehen wir zunächst auf die bildlichen Ausdrücke ein, so zeigt der Zahl nach allerdings Teil II eine viel reichere Anwendung des Tropus und der ästhetischen Figur, als Teil III; denn ich finde in der Metapher für III 7 für II 16 Belege nebst 2 metaphorischen Redewendungen,

in der Personification für III 10, für II 6,
in der Metonymie für III 29, für II 40,
in der Synecdoche für III 26, für II 33,
in der Vergleichung für III 14, für II 15,
in der Hyperbel für III 30, für II 41,
in der Litotes für III 9, für II 34,
in der Sentenz und im Sprichwort:
in der Sentenz für III 31, für II 17,
im Sprichwort für III 13, für II 6.

Allein dieses Plus im Teil II lässt sich vielleicht durch die Alexandriner erklären, die zu ihrer Ausfüllung ja mehr Worte brauchten als die kleineren Achtsilbler und dazu passten diese bildlichen Ausdrücke. Sentenz und Sprichwort, die sich weniger zu einem solchen Füllmaterial eignen, zeigen das normale Verhältniss.

Gehen wir nun diese Tropen, ästhetischen und Satzfiguren der Reihe nach durch, um die sich entsprechenden Uebereinstimmungen im Teil II und Teil III aufzusuchen.

Wir beginnen mit der Metapher.

Hier ähnelt sich in auffallender Weise die Anwendung der Metaphern: „Kaufen" und „Verkaufen":

II 2262. 2263. Damedui en iura e la soe uertu,
Se il set, qu'il en isse, chier li sera uendu.

Hierzu stellt sich:

III 9827. 9828. Le uolt de Luche en a iure
Que mult sera chier compere.

Ferner auch das Bild der Blüte für die besten Ritter:

II 3314. Perdu ai de mes humes la flur e la buute! ; und
III 10185-10187. La flor de la cheualerie
D'Engleterre e de Normendie
De lui seruir s'entremeteient.

Personification:

Hier finden wir sowohl im Teil II als auch im Teil III den Gedanken, dass der Tod dem Menschen auflauert.

II 2395. Par semblant que il fust fu de mort agehiz.
und III 5757. Mult estoit de mort agehiz.

Ferner zeigen frappante Aehnlichkeit:

II 93. Nuls ne se puet de mort tresturner ne fuir und
III 5774. Ne tu ne poz a mort faillir.

Weniger von Belang scheint mir die beiden Teilen

angehörende Personification des „Gerüchtes", wenn auch hier der Wortausdruck sehr ähnlich ist:

II 462. De Rou fu tost par France alee la nuuele und
III 3755. 3756. Tost alerent par les contrees
Les noueles mult esfrees.

Ferner:

II 2076. Mult s'ala par la uile la nuuele espeissant und
III 8872. E la nouele uint e crut.

Metonymie:

Hier entspricht sich:

I 145. 146. Hasteins i uint premierement
Ki fist maint poure e maint dolent und
II 473. 474. C'est Hasteins li Daneis, ki tant ala par mer,
Ki fist tantes chaitines e tanz chaitis plurer;

Ferner:

II 3788. Tut le plus orgueilles ferai encor dolent.

Es lässt sich auch vergleichen:

II 380. Jameis esc$_u$ no lance uers lui ne portereit und
III 7535. Ja huimais armes ne portast u. s. w.

Ebenso wird in beiden Teilen mit denselben Worten folgendes Stoffverhältniss ausgedrückt:

II 3256. Parmi les cors li fist passer le fer trenchant und
III 4084. 4085. Entre la gorge e le goitron
Li fist passer le fer trenchant.

Auch grosse Aehnlichkeit zeigen folgende Stellen:

II 1279. De ta buche meismes as iugie ta lei und
III 7163. Par sa boche le uelt semondre.

Synecdoche:

Auch in der Synecdoche finden sich manche Uebereinstimmungen in beiden Teilen. Als nebensächliche Uebereinstimmungen, die für unsern Beweis nicht massgebend sein können, sind zu betrachten der Gebrauch von *cors* für das Pronomen und der einige Mal wiederkehrende Ausdruck *uos oilz ueant* u. ä., denn sie finden sich in jeder grössern altfranzösischen Dichtung. Mehr Bedeutung kann schon der Redewendung beigelegt werden: *turner les dos*, für welche sich in beiden Teilen Belege finden. So

II 1852. 1853. N'ai humes en ma terre si uaillanz ne si os,
Ki la tiegnent estal u uus turner les dos   und
III 1617. As Normanz unt turne le dos.

Ferner ist beiden Teilen eigentümlich, die Zahl der Gegner so zu bestimmen, dass man angiebt, wie viele Feinde auf einen Freund kommen oder umgekehrt:

II 979. Car cuntre un des noz humes i a bien tres des lur.
II 1434..Kar cuntre un de mes humes en a bien Riulf quatre   und
III 876. 877. Bien auum cuntre un cheualier
Trente u quarante paisanz.

Betrachten wir die bestimmten Zahlen, welche für unbestimmte Angaben gesetzt werden, so finden sich auch hier einige überraschende Uebereinstimmungen. So der Gebrauch von 100 mit hyperbolischer Färbung.

II 2846. Se paisant osassent, par cent feiz fust tuez   und
III 9849. 9850. Por cent mars d'argent, co dixeit,
Del Mans cent piez n'esloignereit.

So zeigt sich weiter in beiden Teilen der Gebrauch von steigenden Zahlenangaben behufs einer lebendigeren Darstellung, ein Gebrauch, den Wace liebt:

II 4145. Ses uiles uit gaster, dous e dous, treis e treis   und
III 6425—6428. Donc uindrent soldeier a lui,
E uns e uns, e dui e dui,
E quatre e quatre, e cinc e sies u. s. f.

und ferner:

II 3938. A cenz e a milliers garnissent la riuiere   und
III 3185. 3186. Contre lui ueuuez dolenz,
Uenir a miliers e a cenz.

Vergleichung: *)
Hier lässt sich der Vergleich von Menschen mit dem Tode geweihten Schafen in beiden Teilen nachweisen:

II 1061. N'en unt nule pitie plus que lu de brebiz und
III 1143. 1144. Se ci poez estre trouez,
   Come mutuns serrez tuez.

Noch entsprechender

I 7(6 - 711. Des chaitis funt del tueiz
  Cume li lus fait des brebiz,
  Quant il puet entrer en teit,
  Que li uilains ne s'aperceit;
  Estrangle multuns e brebiz
  E aignels tus granz e petiz.

Hyperbel.
Es ähneln sich hier sehr die hyperbolischen Versicherungen:

III 1419. 1420. Pur seignur garir se laissent demaneis
  Ferir parmi les cors, u ardre en feu gregeis und
III 6124—6127. Por uos, co dient, auancier,
  Se larreient en mer neier
  Ou en un feu ardent ieter.

Ferner wird zur Bezeichnung einer hyperbolisch grossen Macht im Teil II und Teil III *quens* und *reis* herangezogen:

II 1876. 1877. Le chastel ferai tel e metre tant d'agrei,
  Bien uus purrez defendre e de cunte e de rei.

Hierzu stellt sich

III 3465—3468. Li ducs le chastelet tel fist,
  Tanz cheualiers e tels i mist,

---

*) Uebereinstimmend werden die Verwandtschafts-Verhältnisse in beiden Teilen zum Vergleich benutzt. Man beachte nur
 II 2549: Sie verbinden sich ebenso wie Schwager und
  Schwiegersohn.
III 2539. 2540. Heinrich hasse ich wie eine Stiefmutter
  Hasst und ärgert ihre Stieftochter.

> Qui bien se porreient defendre,
> Ke reis ne quens nes porreit prendre.

Weniger von Bedeutung ist der Gebrauch des affirmativen Superlativs zur Hyperbel, welcher in beiden Teilen sich gleich angewendet findet:

II 2808. 2809. La femme Bernard fu mult bien enparentee,
Ceo fu la plus preisiee e la plus honuree. und
III 5591. Li plus forz hoem fu del pais. —

Litotes.

Bei der Litotes finden sich keine bedeutende Uebereinstimmungen im Teil II und III, denn wenn sie auch den Gebrauch von *pas* und *piez* als geringes Längenmass gemeinsam haben, so ist dieser Gebrauch allgemein in der altfranzösischen Sprache. Wichtiger scheint mir die Aehnlichkeit folgender Stellen:

II 558. Se as Franceis enuie, gaires ne lur en peise und
III 9483. 9484. E se Robert Henri greuast,
Ja li reis ne s'en corecast.

Sentenzen und *Sprichwörter*.

Nur in den Sentenzen finden sich Uebereinstimmungen. So treffen wir in Teil II und Teil III die Sentenz, dass das Gute belohnt und das Böse bestraft werden wird:

II 1265. 1266. Chascune bunte deit estre guerredunee,
E tute felunie deit estre cumparee. und
III 408—410. E reisun est bien e dreiture,
Ke tut bien iert gueredune,
E chascun mal sera pene.

Ferner ist beiden Teilen die Sentenz gemeinsam, dass Erde wieder zu Erden werden muss:

II 92. E ki de terre uient a terre estuet uenir und
III 5776. A terre deit terre uertir.

Im Sprichwort finden sich keine Uebereinstimmungen, doch kann dies nicht Wunder nehmen, weil Wace ein Sprichwort nicht wiederholt anzuwenden pflegt. —

Zweiter Teil.

Anrede.

Aehnlichkeit zeigt die an den Ausruf streifende Anrede:

II 1969. — oez, cum fait pechie! und
III 4720. Oez com faite crualte, ferner
III 7360. — Oez com faite felonie! —.

Es gleichen sich ferner die Zwischenbemerkungen des Dichters, dass er nicht alles völlig zu berichten wisse:

II 459. Iluec unt a grant ioie ne sai quanz iurs este und
III 4073 4074. Ne sui ses granz faiz a conter,
Ne cels qu'il abati nomer.

Der Dichter will keine Lügen niederschreiben, er will nicht fabeln:

II 1366. 1367. Ne sai nient de ceo, n'en puis nient truuer,
Quant ieo n'en ai garant, n'en uoil nient cunter.
II 1355. 1356. Jeo ne di mie fable ne ieo ne uoil fabler.
Testemuine m'en poent cil de Fescamp porter und
III 11345. 11346. Donc io ne uos sai les nons dire,
Ne io n'en uoil menconge escrire.

Ausruf:

Es entsprechen sich im Ausruf der Form nach in beiden Teilen (wenn man auch Teil I berücksichtigt):

II 3759. Ne fu mie merueille, ki quidast qu'il mentist?
I 592. 593. Kil dunc ueist, cument quidast,
Que li traitres respassast?

Ferner stimmt im Teil II und Teil III die Fluchformel überein, welche der Dichter ausspricht:

II 2727. De celui seit maldiz ki le munt asoleille und
III 3228. — Deus le maldie!

Es sind dies die einzigen Flüche (falls man die Verwünschungen I 582, I 646 und II 1997 nicht als Fluch auffasst), welche Wace in diesen beiden Teilen niedergeschrieben hat, um so auffallender ist die Uebereinstimmung.

Was nun die übrigen Mittel einer mehr ausmalenden Darstellung, wie sie Wace liebt, betrifft, wie Schilderung, Contrast, Wiederholung (besonders die Figuren der Wiederholung), Zergliederung, Asyndeton, Polysyndeton und schliesslich auch die Alliteration, so zeigt zwar Teil III zuweilen grössere Lebhaftigkeit als Teil II, allein auch im Teil II verrät sich überall die Lust zum Malen, und wenn man noch in Betracht zieht, dass gerade in dieser Beziehung die Behandlung des langen, ungefügen Alexandriners eine ungleich schwierigere war als die des kurzen, leicht beweglichen Achtsilbers, so steht diese immerhin nur gering zurücktretende Lebhaftigkeit im Teil II keineswegs der Annahme entgegen, dass Teil II und Teil III einem Dichter, nämlich Wace, angehören.

Ausführlicher auf diese Rubriken, die ich oben verzeichnet habe, einzugehen, halte ich für überflüssig, denn ein Blick auf die obige Darlegung wird meine Behauptung bestätigen. Nur auf einige Uebereinstimmungen möchte ich hier noch verweisen.

Zunächst im Contrast. Hier heisst es Teil II und Teil III:

II 142. Chascuns i gaaigna e chascuns i perdi und
III 9073. Jer gaaigna e hui perdi, ferner
III 2646. Gaaigner uout, mais il perdi. —

Wie wir oben gesehen haben, stellt Wace gern Feigheit und Kühnheit resp. Tapferkeit einander gegenüber, besonders im Teil III, aber auch Teil II zeigt ein Beispiel dafür:

II 2954. 2955. De grant air i fierent li pruz e li hardi
E li cuart s'enfuient, kar cuers lur sunt failli.

und

III 3963—3966. Donc ueissiez cheualiers poindre,
Les uns torner, les altres ioindre,
Hardiz auant esporoner,
Coarz gopillier e trembler.

Hierzu stellen sich noch ferner: III 4471. 4472; III 8034 u. s. w.

Auch die Anwendung des Klangwortspieles, wie wir sie im Teil I finden, kehrt im Teil II, wie schon oben angezeigt, wieder:

II 207. 208. Del trauail de cest siecle as Engleis paruendras
C'est as angres des ciels, u od Deu regneras.

und

I 119. 120. Franceis dient que Normendie
Ceo est la gent de nort meudie.

Ich verweise schliesslich noch auf eine beiden Teilen gemeinsame Zerlegung, die Wace recht gut als Cleriker kennzeichnet:

II 15. 16. Unkes n'en out merci ne de fraus ne de sers,
Ne clers ne lai n'ama, ne muines ne cunuers.

und

III 1305. 1306. N'aueit de nul home pitie,
Ne de pule ne de clergie,

ferner

I 71. 72. ⸻ ⸻ e sai
Que tuit murrunt e clerc e lai. —

Auf diese Uebereinstimmungen hin darf man doch wohl Teil II Wace zuschreiben. Wollte man sich trotz dieser vorgebrachten Gründe jener Annahme verschliessen, so würde man zugeben müssen, dass sich der unbe-

kannte Verfasser des zweiten Teiles in Bezug auf den
Stil stark an das Werk Wace's angelehnt habe; allein
das ist nicht gut möglich, wenn Teil II auch im 12. Jahrhundert abgefasst wurde (vergl. Einleitung zum *Roman
de Rou* nach der Ausgabe von Andresen Seite 74 ff.),
da Wace sein Werk erst um 1170 vollendet hat.

Vita.

Geboren am 14. Januar 1860 in Niederoderwitz, besuchte ich bis zu meinem 14. Jahre die dortige Dorfschule, absolvirte hierauf die Realschule I. O. zu Zittau, und wurde Ostern 1881 auf der Universität Leipzig immatriculirt. Hier habe ich die Collegia der Herren Professoren Zarncke, Ebert, Wülcker, Masius, Birch-Hirschfeld, Settegast, Biedermann, Heinze, Hermann und Arndt besucht und mich an den Uebungen der Herren Professoren Ebert, Zarncke, Wülcker, v. Bahder, Hofmann und Birch-Hirschfeld beteiligt, wurde auch als ordentliches Mitglied des pädagogischen Seminars unter Leitung des Herrn Professor Masius aufgenommen. Allen genannten Herren fühle ich mich für die Anregung, die sie mir in meinen Studien gegeben haben, zum wärmsten Danke verpflichtet.

Leipzig, Wintersemester 1884/1885.